나 혼자 간다!

여행 이탈리아어

나 혼자 간다! 여행 이탈리아어

초판 2쇄 인쇄 2023년 12월 30일
초판 2쇄 발행 2024년 1월 5일

지은이 최정윤
펴낸이 서덕일
펴낸곳 문예림

출판등록 1962.7.12 (제406-1962-1호)
주소 경기도 파주시 회동길 366 (10881)
전화 (02)499-1281~2 **팩스** (02)499-1283
전자우편 info@moonyelim.com
홈페이지 www.moonyelim.com

ISBN 978-89-7482-911-7 (13780)
값 14,000원

나 혼자 간다!

여행 이탈리아어

최정윤 지음

문예림

머리말

일러두기

- 본 도서의 지명, 인물 등은 이탈리아어 원어로 표기하였습니다.
- 한글 독음은 최대한 원어 발음과 가깝게 표기하려고 노력했습니다.
- 마지막 철자가 -z로 끝나는 어휘의 한글 독음은 [ㅈ/ㅊ/ㅉ] 중 원어 발음과 유사한 자음으로 표기하였습니다.
- 철자 s와 t의 경우 각각 [ㅅ/ㅆ], [ㅌ/ㄸ] 중 원어 발음과 유사한 자음으로 표기하였습니다.
- Avere 동사의 인칭변형인 ho, hai, ha, abbiamo, avete, hanno를 발음할 때 h는 묵음입니다.
- '이탈리아어 기초' 부분에서 명사 성수 형태는 주어진 예시보다 불규칙이 많습니다.
- 이탈리아어의 r 발음은 혀를 말아 진동으로 [ㄹ] 발음을 해주어야 합니다.
- 문장을 읽을 때는 문장이 끝날 때까지 구의 억양을 내리지 않습니다.

유럽 지중해 연안에 위치한 이탈리아는 부츠 모양의 반도로 북쪽은 알프스 산맥을 경계로 스위스, 프랑스, 오스트리아와 국경을 접하고 있습니다. 이탈리아는 고대 로마제국 시기부터 서양 역사의 중심으로 고대와 중세의 문화유산이 살아 숨 쉬는 곳입니다. 세계에서 가장 많은 세계문화유산을 보유한 나라, 이탈리아에는 지역별로 각양각색의 역사적 관광 명소와 향토음식이 발달해 있습니다. 그렇기 때문에 이탈리아는 낭만적인 여행지이자 최고의 미식 여행지로 꼽히며 일 년 내내 관광객들의 발길이 끊이질 않습니다.

일반적으로 이탈리아 사람들은 가족 중심적인 성향이 강하며 여가와 휴가를 중시하는 여유 있는 삶을 추구합니다. 그렇기 때문에 관공서의 일처리나 서비스가 다소 느린 편입니다. 신속성과 정확성을 중시하는 한국 사람들에게는 이들의 문화가 조금은 답답하게 느껴질 수 있습니다. 그러나 이 또한 이탈리아 문화의 한 면이라 여기고 받아들인다면 훨씬 더 현지 생활에 녹아들 수 있을 겁니다.
이 책은 배낭여행객은 물론 장기 출장이나 어학연수, 유학을 떠나는 사람들에게 유용하도록 만들어진 책입니다. 필자에게도 한 때 이탈리아는 낯선 땅이었습니다. 유학하면서 겪었던 좋았던, 또 힘들었던 경험을 바탕으로 필수 정보들과 상황별 회화를 담았습니다. 이 책이 이탈리아와 이탈리아어에 배경 지식이 없는 여행자나 유학생들의 불편을 조금이나마 줄이는데 도움이 되기를 바랍니다. 여행을 떠나기 전에 조금이나마 이탈리아의 문화와 언어를 접하고 간다면 보다 알찬 여행이 될 것입니다.

이 책과 함께 멋진 여행되시기를 바랍니다. Buon viaggio!

2019년, 최정윤

차례

8. 건강

9 돌발 상황

1 알파벳과 발음

0-1.mp3

이탈리아의 알파벳은 16개의 자음과 5개의 모음, 총 21개의 철자로 구성된다. 이탈리아어에 포함되지 않은 5개의 철자(J, K, W, X, Y)는 외국어의 고유명사와 외래어를 표시하는데 사용된다. 이탈리아어 발음은 비교적 단순하며 쓰인 대로 읽으면 된다.

A a [a] 아	mia 미아(나의), scuola 스꾸올라(학교), amore 아모레(사랑)
B b [bi] 비	albergo 알베르고(호텔), bicicletta 비치끌레따(자전거), gamba 감바(다리)
C c [ʧi] 치 + a, o, u	casa 까사(집), cuoco 꾸오꼬(요리사)
+ e, i	piacere 삐아체레(즐거움), cinque 친꿰(숫자5)
+ h	chiamare 끼아마레(전화하다), chi 끼(누구)
D d [di] 디	dottore 도또레(박사), due 두에(숫자 2)
E e [e] 에	parole 빠롤레(단어), medico 메디꼬(의사)
F f [effe]	farmacia 파르마치아(약국), caffè 까페(커피), forma 포르마(형태)
G g [gi] 지 + a, o, u	pagare 빠가레(지불하다), lungo 룽고(긴), gusto 구스또(맛)
+ e, i	Genova 제노바, giovedì 죠베디(목요일)
+ h	spaghetti 스파게띠(스파게티)
gu + a, e, i	lingua 링과(언어), guida 귀다(운전)

gn	bagno 바뇨(화장실), campagna 깜빠냐(시골)
gi +a, e, o, u	valigie 발리제(여행가방), giovane 죠바네(젊은), giusto 쥬스또(옳은)
gl	figlio 필리오(아들) foglio 폴리오(종이)
H h [akka] 아까 묵음	ho, hai, ha 오, 아이, 아 (가지다. avere 동사의 1, 2, 3인칭 단수)
I i [i] 이	città 치따(도시), limone 리모네(레몬), idea 이데아(생각)
L l [elle] 엘레	Londra 론드라(런던), giornale 죠르날레(신문)
M m [emme] 엠메	mondo 몬도(세상), come 꼬메(어떻게)
N n [enne] 엔네	nave 나베(배), nuovo 누오보(새로운)
O o [o] 오	onda 온다(파도), occhio 오끼오(눈)
P p [pi] 삐	parco 빠르꼬(공원), perché 뻬르께(왜냐하면)
Q q [ku] 꾸	quasi 꽈지(거의), quello 꿸로(그것), quattro 꽈뜨로(숫자 4)
R r [erre] 에레	rosa 로사(장미), correre 꼬레레(달리다)
S s [esse] 에세	studente 스뚜덴떼(학생), stazione 스따찌오네(역)
sc +a, o, u	scatola 스까똘라(상자), fresco 프레스코(신선한), scusa 스꾸사(용서)
sc +e, i	piscina 삐쉬나(수영장), pesce 뻬쉐(생선)
sc +e, i	scheda 스께다(카드), maschio 마스끼오(남성)

sci + a, e, o, u	scienza 셴짜(과학), sciopero 쇼페로(파업), prosciutto 프로슈토(햄의 종류)
T t [ti] 띠	tavolo 따볼로(탁자), metro 메뜨로(지하철)
U u [u] 우	uovo 우오보(달걀), orecchio 오레끼오(귀)
V v [vu] 부	Venezia 베네치아, nave 나베(배)
Z z [dʒeta] 제따	anziano 안찌아노(노인), grazie 그라찌에(감사), piazza 피아짜(광장)

그 외의 철자

J j [i lunga] 이 룽가	Juventus 유벤투스
K k [kappa] 깝빠	Kenia 케냐
W w [doppia vu] 돕삐아 부	whisky 위스키
X x [iks] 익스	xenofobia 제노포비아
Y y [ipsilon] 입실론	yogurt 요거트

② 명사의 성수

0-2.mp3

이탈리아어의 명사는 남성과 여성, 단수와 복수의 형태를 가지며 어미의 굴절을 통해 그 형태가 표현된다.

	단수	복수	규칙
남성	treno	treni	남성 단수 명사의 어미 'o'는 'i'로 바뀐다
	pesce	pesci	'e'로 끝나는 남성단수의 어미도 'i'로 바뀐다
	caffè	caffè	어미에 강세가 있는 경우 형태 불변
	problema	problemi	불규칙 명사
여성	scuola	scuole	여성 단수 명사의 어미 'a'는 'e'로 바뀐다
	nave	navi	'e'로 끝나는 여성단수의 어미는 'i'로 바뀐다
	città	città	어미에 강세가 있는 경우 형태 불변
	foto	foto	줄임 표현일 경우 형태 불변(fotografia의 줄임말)

예외적인 명사들도 존재한다. 남성단수 명사의 의미가 복수형태에서 i가 아닌 a로 바뀐다.

braccio (팔) → braccia

ginocchio (무릎) → ginocchia

paio (쌍, 켤레) → paia

uovo (달걀) → uova

③ 관사

0-3.mp3

1) 정관사

명사 앞에서 명사의 수나 뜻을 한정하는 부정관사와 정관사가 있다. 정관사는 단수, 복수 명사 앞에 출현하며 명사를 '특정한 어떤 것'으로 한정하는 역할을 하고, 부정관사는 단수 명사 앞에 출현하며 '막연한 어떤 것' 또는 '하나의~' 의미를 나타낸다.

	단수	복수	
남성	il	i	il pesce → i pesci
	lo (l')	gli	lo specchio → gli specchi l'amico → gli amici
여성	la (l')	le	la porta → le porte l'amica → le amiche

il - 자음으로 시작하는 남성 단수명사 앞에 쓰이며 복수는 i이다

lo - 모음으로 시작하는 남성 단수명사나 s+자음, x, y, z, pn, gn, ps와 같은 자음으로 시작하는 남성 단수명사 앞에 쓰이며 복수는 gli이다.

la - 단수 여성명사 앞에 쓰이며 복수는 le이다.

2) 부정관사

남성	un, uno	un pesce uno specchio
여성	una (un')	una porta un'amica

단수 남성명사에는 un을 사용한다.

단수 남성명사 중 s+자음, x, y, z, pn, gn, ps와 같은 자음으로 시작하는 명사에는 uno를 사용한다.

단수 여성명사에는 una를 사용하며 뒤의 명사가 모음으로 시작하면 un'을 사용한다.

4 전치사관사

0-4.mp3

이탈리아어에서 전치사와 정관사가 만나면 다음의 결합 형태가 되며 전치사관사라 칭한다.

	il	i	lo	gli	la	le	l'
a (to)	al	ai	allo	agli	alla	alle	all'
di (of)	del	dei	dello	degli	della	delle	dell'
da (from)	dal	dai	dallo	dagli	dalla	dalle	dall'
in (in)	nel	nei	nello	negli	nella	nelle	nell'
su (above)	sul	sui	sullo	sugli	sulla	sulle	sull'
con (with)	con il	con i	con lo	con gli	con la	con le	con l'
per (for)	per il	per i	per lo	per gli	per la	per le	per l'

⑤ 주격 인칭대명사

0-5.mp3

사람을 가리키는 대명사로 인칭과 수에 따라 다르다. 이탈리아어에서는 주어에 따라 동사의 형태가 변화하기 때문에 동사의 형태로 주어를 유추할 수 있고 주어를 생략해도 무방하다.

	단수	복수
1인칭	io	noi
2인칭	tu	voi
3인칭	lui / lei / Lei	loro

Io sono Fabio. = Sono Fabio. 저는 파비오입니다.

Noi siamo studenti. = Siamo studenti. 우리는 학생입니다.

⑥ 형용사

0-6.mp3

이탈리아의 형용사는 수식하는 명사의 성과 수에 따라 각기 다른 형태로 변화한다. 명사 뒤에서 후치 수식하는 것이 일반적이다. 어미 변형 규칙은 명사의 규칙과 동일하다. 어미가 -e로 끝나는 단수 형용사의 경우 남성·여성명사 구분없이 사용하며 복수형태는 -i이다.

	단수	복수
남성	il museo famos**o** (유명한 박물관)	i musei famos**i**
	l'amico giappones**e** (일본인 친구)	gli amici giappones**i**
여성	la città antic**a** (고대 도시)	le città antich**e**
	la scuola seral**e** (야간 학교)	le scuole seral**i**

소유 형용사 또한 수식하는 명사의 성과 수에 따라 형태가 달라진다.

남성단수	남성복수	여성단수	여성복수
mio	miei	mia	mie
tuo	tuoi	tua	tue
suo	suoi	sua	sue
nostro	nostri	nostra	nostre
vostro	vostri	vostra	vostre
loro	loro	loro	loro

소유 형용사를 포함한 명사구에는 관사가 출현하는 것이 일반적이다.

il mio amico (나의 친구) – i miei amici

단, madre, padre, fratello, sorella, cugino, zio 등 단수 형태의 가족 구성원의 명칭 앞에는 정관사가 생략된다. 하지만 복수일 경우 정관사는 생략되지 않는다.

mio fratello (내 남동생/오빠) – i miei fratelli

mia sorella (내 여동생/누나) – le mie sorelle

⑦ 동사변화

0-7.mp3

이탈리아어의 동사는 -are형, -ere형, -ire형 동사로 분류되고 인칭에 따라 변형한다. 규칙변형을 하는 동사가 있는 반면에 불규칙 동사도 다수 존재한다.

● **직설법 현재 규칙변형**

	parlare 말하다	vedere 보다	dormire 자다	capire 이해하다
io	parlo	vedo	dormo	capisco
tu	parli	vedi	dormi	capisci
lui/lei/Lei	parla	vede	dorme	capisce
noi	parliamo	vediamo	dormiamo	capiamo
voi	parlate	vedete	dormite	capite
loro	parlano	vedono	dormono	capiscono

● **직설법 현재 불규칙변형**

andare 가다	**avere** 가지다	**bere** 마시다	**dare** 주다	**dire** 말하다	**dovere** ~해야한다	**essere** ~이다
vado	ho	bevo	do	dico	devo	sono
vai	hai	bevi	dai	dici	devi	sei
va	ha	beve	dà	dice	deve	è
andiamo	abbiamo	beviamo	diamo	diciamo	dobbiamo	siamo
andate	avete	bevete	date	dite	dovete	siete
vanno	hanno	bevono	danno	dicono	devono	sono

fare ~하다	sapere 알다	stare 있다	potere 할 수 있다	uscire 나가다	venire 오다	volere 원하다
faccio	so	sto	posso	esco	vengo	voglio
fai	sai	stai	puoi	esci	vieni	vuoi
fa	sa	sta	può	esce	viene	vuole
facciamo	sappiamo	stiamo	possiamo	usciamo	veniamo	vogliamo
fate	sapete	state	potete	uscite	venite	volete
fanno	sanno	stanno	possono	escono	vengono	vogliono

8 기본시제

0-8.mp3

이탈리아어의 시제는 직설법의 경우, 현재, 과거(근과거, 반과거, 선립과거, 원과거, 대과거), 미래(단순미래, 선립미래)가 있다. 객관성과 확실성을 표현하는 직설법에 외에도 정중하고 예의바르게 표현 할 때 직설법 대신 사용할 수 있는 조건법과 주관성을 나타내는 접속법이 있다.

8-1 현재시제

앞서 살펴 본 동사의 변화형으로 표현한다. 규칙동사와 불규칙동사로 나누어져 있으며 불규칙은 다양한 형태가 있으니 그때그때 암기를 해두어야 한다.

Luciano, **parli** italiano? 루치아노, 이탈리아어 할 줄 아니?

Carla **legge** il giornale. 까를라는 신문을 읽는다.

La lezione **finisce** all'una. 수업은 한 시에 끝난다.

8-2 과거시제

1) 근과거(완료과거)

essere / avere 동사의 직설법 현재 + 과거분사*

과거의 '완료'된 동작을 서술하거나 경험을 이야기 할 때 사용된다.

Dopo la lezione **sono andato** a Roma. 방과 후에 나는 로마에 갔다.

Non **sono** mai **stato** in Italia. 나는 이탈리아에 가본 적 없다.

Fabio **ha studiato** dalle 3 alle 5. 파비오는 3시부터 5시까지 공부를 했다.

*〈참고〉 시제조동사 avere / essere의 선택은 본동사의 성격에 따라 결정된다. 본동사가 타동사인 경우 essere, 자동사나 재귀동사인 경우 essere를 취한다. 단, essere를 시제조동사로 취하는 경우 과거분사형의 어미는 주어에 성 · 수를 일치시킨다.

2) 반과거(비완료과거)

동사별 독립적인 형태가 있으며 인칭별로 형태변형을 한다.

essere	avere	fare	dovere
ero	avevo	facevo	dovevo
eri	avevi	facevi	dovevi
era	aveva	faceva	doveva
eravamo	avevamo	facevamo	dovevamo
eravate	avevate	facevate	dovevate
erano	avevano	facevano	dovevano

과거의 습관적, 반복적 동작이나 상태, 불특정 기간 동안 계속되었던 동작이나 상태, 분위기, 상태, 날씨, 사람, 어떤 물건, 상황 등을 '묘사'할 때 사용된다.

Ogni mattina **mi alzavo** alle 6. 나는 매일 아침 6시에 일어나곤 했다.

Quando **ero** ragazzo, andavo spesso al mare.
나는 어렸을 때, 바다에 종종 가곤했다.

Mentre **guardavo** la TV, Anna **studiava**.
내가 TV를 보는 동안에 안나는 공부를 했다.

Faceva molto freddo. 날씨가 매우 추웠다.

완료과거나 비완료과거, 역사적인 사실이나 사건, 동화 이야기를 서술할 때 사용하는 원과거 보다 한 시제 앞선 시점은 대과거로 표현한다. 대과거는 'essere / avere 동사의 반과거 + 본동사의 과거분사' 이다.

3) 미래시제

미래 동사 역시 인칭별로 형태 변형을 하고 의지나 예정, 현재 사실을 추측할 때 사용된다.

essere	avere	fare	dovere
sarò	avrò	farò	dovrò
sarai	avrai	farai	dovrai
sarà	avrà	farà	dovrà
saremo	avremo	faremo	dovremo
sarete	avrete	farete	dovrete
saranno	avranno	faranno	dovranno

Che tempo farà in Italia? - Farà bel tempo.
이탈리아의 날씨는 어떨까? – 좋을 것 같아.

Il treno arriverà fra 5 minuti. 기차는 5분 뒤에 도착할 것이다.

Da ora in poi studierò molto. 이제부터 난 열심히 공부할 거야.

이탈리아의 지도와 20개의 주(州)

이탈리아는 20개의 주(州)로 구성되어 있으며 각 주는 저마다 다른 개성과 특징을 지니고 있어 지방을 이동할 때마다 색다른 특색을 접할 수 있다는 점에서 이탈리아 여행의 묘미를 느낄 수 있다. 이탈리아의 주는 아래와 같고 각 주에는 우리나라의 도청소재지의 성격을 지닌 주도가 있다.

20개의 주 중에 발레 다오스타주(Valle d'Aosta), 사르데냐주(Sardegna), 시칠리아주(Sicilia), 트렌티노-알토아디제주(Trentino-Alto Adige), 프리울리-베네치아줄리아주(Regione Friuli-Venezia Giulia)는 자치주로 분류된다.

- **이탈리아의 주 및 주도**

	주(州)	주도(州都)
1	롬바르디아 Lombardia	밀라노 Milano
2	라치오 Lazio	로마 Roma
3	캄파니아 Campania	나폴리 Napoli
4	시칠리아 Sicilia	팔레르모 Palermo
5	베네토 Veneto	베네치아 Venezia
6	에밀리아-로마냐 Emilia-Romagna	볼로냐 Bologna
7	피에몬테 Piemonte	토리노 Torino
8	풀리아 Puglia	바리 Bari
9	토스카나 Toscana	피렌체 Firenze
10	칼라브리아 Calabria	카탄자로 Catanzaro
11	사르데냐 Sardegna	칼리아리 Cagliari
12	리구리아 Liguria	제노바 Genova
13	마르케 Marche	앙코나 Ancona
14	아브루초 Abruzzo	라퀼라 L'Aquila
15	프리울리-베네치아 줄리아 Friuli-Venezia Giulia	트리에스테 Trieste
16	트렌티노-알토 아디제 Trentino-Alto Adige	트렌토 Trento
17	움브리아 Umbria	페루자 Perugia
18	바실리카타 Basilicata	포텐차 Potenza
19	몰리세 Molise	캄포바소 Campobasso
20	발레다오스타 Valle d'Aosta	아오스타 Aosta

화폐와 숫자 · 요일과 월

이탈리아는 유럽연합의 단일 화폐인 '유로(Euro)'를 사용한다. '에우로'라고 읽으며 기호로는 '€'로 표시한다. 지폐로는 €5, €10, €20, €50, €100, €200가 있고 동전으로는 1, 2, 5, 10, 20, 50cent와 €1, €2가 있다.

● **기수와 서수**

숫자	기수	숫자	서수
1	uno	1000	mille
2	due	1°	primo
3	tre	2°	secondo
4	quattro	3°	terzo
5	cinque	4°	quarto
6	sei	5°	quinto
7	sette	6°	sesto
8	otto	7°	settimo
9	nove	8°	ottavo
10	dieci	9°	nono
22	ventidue	10°	decimo
34	trentaquattro	100°	centesimo
1000	mille	1000°	millesimo

(20부터 십단위수는 147쪽 참고)

서수 11번째부터는 기수의 마지막 모음을 삭제하고 esimo를 붙인다. 서수는 수식하는 명사의 성수에 일치하여야 하며 보통은 정관사를 동반한다.
20 이후의 십단위 숫자는 각 일의 자리에 1~9의 숫자를 붙여 만든다.

요일

월	lunedì 루네디
화	martedì 마르떼디
수	mercoledì 메르꼴레디
목	giovedì 죠베디
금	venerdì 베네르디
토	sabato 사바또
일	domenica 도메니까

월

1월	gennaio 젠나이오	7월	luglio 룰리오
2월	febbraio 페브라이오	8월	agosto 아고스또
3월	marzo 마르쪼	9월	settembre 세뗌브레
4월	aprile 아쁘릴레	10월	ottobre 오또브레
5월	maggio 마죠	11월	novembre 노벰브레
6월	giugno 주뇨	12월	dicembre 디첼브레

이탈리아 교통수단

이탈리아의 대표적인 대중교통 수단은 버스이고 밀라노, 로마와 같은 대도시에서는 버스 외에 트램(Tram)과 지하철(metropolitana)도 있다. 각 지역마다 차이는 있지만 대부분의 북부 도시에서 교통수단을 이용하는 비율은 전체 시민의 30% 정도를 웃돈다.

● **버스** autobus

이탈리아는 잘 정비된 버스 교통망을 기반으로 비교적 광범위한 지역을 연결한다. 완행열차가 닿지 않은 교외지역까지 연결되는 중요한 교통수단이다. 이탈리아 기차가 연착율이 높은 단점이 있다면 버스는 비교적 정해진 시각에 정해진 버스 정류장에 도착한다. 기본적으로 버스를 승차는 앞문과 뒷문을, 하차는 가운데 문을 이용한다. 승차시 종이 티켓을 소지하고 있다면 반드시 검표기에 넣어 펀칭을 해야 한다. 펀칭된 티켓에는 승차 일시가 찍혀 있으며 70분 동안 다른 노선의 버스로 무제한 환승이 가능하다. 최근에는 충전식 플라스틱 카드가 출시되어 보다 편리하게 대중교통을 이용할 수 있다.

● **지하철** metropolitana

현재 이탈리아에는 7개의 도시(밀라노, 로마, 나폴리, 브레시아, 토리노, 제노바)에 지하철이 설치되어 있다. 밀라노의 지하철 망이 가장 규모가 크며 총 4개의 노선(빨강, 녹색, 노랑, 연보라)으로 나뉘어져 있다. 연보라색 노선이 가장 광범위한 지역을 포괄하고 있으며 계속해서 확장공사가 진행 중이다. 로마의 지하철은 3개(A, B, C)의 노선을 갖추고 있으며 각 노선

의 길이는 60km정도 이다. 로마 외곽은 물론 콜로세움과 바티칸 같은 주요 명소를 지하철을 이용해 이동이 가능하다. 나폴리의 지하철은 1925년 개통되었으며 역사가 가장 오래되었다. 노선은 단 두 개이며, 보메로와 키아이아와 같은 구릉지대로 이동할 때 이용하는 케이블카와 연계되어있다.

● **트램** tram

트램은 현재 대부분의 지역에서는 운행이 중단되어 선로만이 남아 있지만 토리노와 밀라노, 피렌체와 같은 주요 몇몇 도시에서는 여전히 편리하게 이용 가능한 교통수단이다. 지하철이나 버스에 비해 도시 내 가까운 구간을 연결한다. 트램은 지하철이나 버스와 연계되어 동일한 티켓을 사용하며 정해진 시간 내에 환승도 가능하다. 지상에 위치하고 있기 때문에 길을 가다가도 편리하게 이용할 수 있다. 이탈리아의 트램은 1900년대 초반부터 주요 교통수단으로 이용되었기 때문에 매우 오래된 종류도 있지만 최근에는 안전상의 문제로 새로운 모델로 교체중이다.

이탈리아 지역별 대표음식

이탈리아는 1861년 통일을 이루기 전까지 수 세기 동안 수백 개의 작은 자치 도시로 분리되어 있었기 때문에 각 지방마다 특색이 뚜렷하고 차이가 크다. 그래서 기후와 풍토, 지리적 조건 외에도 이러한 강한 지방색의 영향으로 각 지역마다 그곳을 대표하는 독특한 향토 요리가 발달했다.

● 에밀리아 로마냐 지방 Emilia-Romagna

토르텔리니 Tortellini

고기나 버섯, 프로슈토 햄 등으로 속을 채운 뒤 반달 모양으로 접어 만드는 만두형의 파스타로 에밀리아-로마냐주의 전통 요리이다. 특히, 볼로냐에서는 전통적으로 성탄절이나 새해, 부활절과 같은 특별한 날에 토르텔리니를 요리해 먹는다. 토르텔리니는 지역에 따라 속재료는 물론 크기와 모양이 각양각색이고 브로도(육수)나 미트 소스와 잘 어울린다.

● 라치오 지방 Lazio

까르보나라 Carbonara

이탈리아의 수도, 로마에 방문할 계획이 있다면 놓치지 말아야 할 요리가 까르보나라이다. 우리나라에서는 생크림으로 만든 까르보나라가 유명하지만 이탈리아 정통 까르보나라는 달걀과 베이컨을 주재료로 후추와 페코리노 치즈를 넣어서 많은 파스타로 조리법이 무척 간단하다. 까르보나라는 이탈리아의 아펜니노 산맥에서 석탄을 캐던 광부(Carbonaio: 까르보나이오)들이 고된 노동 중에 만들어먹은 요리라 하여 붙여진 명칭이다.

● 캄파냐 지방 Campania

마르게리따 피자 Pizza Margherita

이탈리아 피자는 토핑의 종류에 따라 이름이 다양한 각양각색의 피자가 존재한다. 그 중에 마르게리따 피자는 전 세계적으로 잘 알려진 정통 이탈리아 피자이며 전형적인 나폴리 피자이다. 이탈리아 국기를 연상시키는 삼색(토마토의 빨강색, 모짜렐라 치즈의 흰색, 바질의 녹색)의 조합으로 이루어진 것이 특징이다. 1889년 나폴리를 방문한 사보이왕가의 여왕 마르게리따를 위해 당시 최고의 요리사가 피자를 만들었는데 거기에 여왕의 이름을 붙여 마르게리따 피자라 불렀다고 전해진다.

● 풀리아 지방 Puglia

오레끼에떼 꼰 레 치메 디 라빠 Orecchiette con le cime di rapa

오레끼에떼 꼰 레 치메 디 라빠는 이탈리아 남부 풀리아 지방의 전통 파스타로 귀모양의 파스타에 무청을 소스로 만들어 버무린 간편한 요리이다. 오레끼에떼는 풀리아와 바실리카타에서 즐겨먹는 듀럼밀로 만들어진 파스타로 지역에 따라 다양한 이름으로 불린다.

● 시칠리아 지방 Sicilia

아란치니 Arancini

아란치니는 라구소스와 모짜렐라 치즈, 밥과 완두콩을 주먹밥처럼 한데 뭉친 뒤 빵가루를 입혀 튀긴 시칠리아 전통 요리이다. 아란치니는 시칠리아에서 10세기경부터 만들어 먹기 시작한 것으로 알려져 있으며 루치아 성녀를 기념하는 축제날 먹었던 음식이었다. 시칠리아에서도 지역에 따라 두 가지 명칭으로 불린다. 팔레르모에서는 오렌지를 연상시킨다 하여 아란치네라고 부르고 카타냐에서는 아란치니라고 부르며 방울 모양으로 만든다. 라구사 지역의 아란치니는 원뿔 모양이다.

● 롬바르디아 지방 Lombardia

리조또 알라 밀라네제 Risotto alla milanese

샤프란을 넣어 금빛으로 물든 리조또로 밀라노 지방에서 유래하여 붙여진 이름이다. 리조또 알라 밀라네제의 레시피는 1574년에 탄생한 것으로 알려졌다. 어느 화가의 조수로 일하던 사람이 자신의 딸의 결혼식에서 샤프란을 넣은 리조또를 하객들에게 제공하여 좋은 반응을 얻은 데서 유래한다. 그 후로 대중적인 음식으로 자리를 잡았다. 리조또 알라 밀라네제는 닭 육수에 샤프란을 넣어 끓인 다음, 팬에 올리브유와 버터, 다진 양파, 마늘을 넣고 쌀과 함께 볶을 때 샤프란 육수를 조금씩 부어가며 쌀을 익힌다. 쌀이 걸쭉하게 익으면 파마산 치즈를 뿌려서 먹는다.

● 바실리카타 지방 Basilicata

라가네 에 체치 Lagane e Ceci

라가네 에 체치는 이탈리아 남부 지역에서 추운 겨울날 즐겨먹는 요리로 세대에 세대를 거쳐 현재의 대중음식으로 자리 잡은 고전 음식이다. 라가네는 파스타의 한 종류로 탈리아텔레와 비슷하게 생겼지만 그보다 더 넓고 길이가 짧다. 라가네에 토마토 소스에 졸인 체치(병아리콩)를 넣고 익히는 간단한 요리이다.

● 리구리아 지방 Liguria

트로피에 꼰 페스토 알라 제노베제 Trofie con pesto alla genovese

리구리아, 특히 제노바라 하면 페스토가 가장 먼저 떠오른다. 페스토는 신선한 바질과 올리브유, 잣, 마늘과 함께 갈아 만든 초록색 소스이다. 페스토는 올리브유와 신선한 바질의 진한 향과 견과류의 고소한 맛이 어우러진 풍미를 자랑한다. 페스토를 리구리아 지역 사람들이 즐겨 먹는 코르크 스크류를 연상시키는 트로피에 파스타에 버무리면 트로피에 꼰 페스토 알라 제노베제가 완성된다. 트로피에 파스타는 오직 물과 밀가루 반죽으로 만들어진다.

이탈리아 지역별 축제

이탈리아에는 일 년 내내 축제가 끊이질 않는다. 각 지역의 특색이 묻어있는 축제들은 현지 문화에 녹아들 수 있는 절호의 기회이다. 수많은 축제 중 놓쳐서는 안 될 몇 가지만 소개하면 다음과 같다.

- **카타냐 아가타 축제** Festa di Sant'Agata

로마 제국 시대에 순교한 성녀 아가타는 카타냐의 수호성인이다. 매년 2월 5일이면 3일 동안 성녀 아가타를 기리는 축제가 열린다. 흰색 튜닉과 검정색 보닛을 입고 성녀 아가타의 유물이 실린 수레를 끌며 행렬하는 모습이 인상적이다.

- **베네치아 가면축제** Carnevale di Venezia

베네치아의 가면 축제는 해마다 2월 사순절에 열리는 유럽에서 가장 유명하고 오래된 축제이다. 베네치아의 카니발은 고대로마시대 때 하층민에게 자유롭게 즐길 수 있는 기회를 주기 위해 가면을 쓰고 놀게 하던 것에서 유래했다. 축제 기간 동안 주민들은 코스튬과 가면을 착용하고 거리를 활보하며 생기를 불어넣는다.

- **튤립 축제** Festa del Tulipano

카스틸리오네 델 라고(Castiglione del Lago)에서 매년 4월 첫째 주에 열리며 봄을 맞이하고 축하하는 축제이다. 도시 곳곳에서 각양각색의 꽃잎으로 장식한 대형 마차의 행렬을 볼 수 있다.

카타냐 아가타 축제

베네치아 가면축제

● 시에나 팔리오 축제 Palio di Siena

시에나 공화국의 황금기였던 13세기 초부터 14세기 중반까지의 150년 동안 7월의 팔리오는 시에나의 수호성인인 카타리나를 8월 중순에 열리는 팔리오는 성모마리아를 기리는 엄숙한 축제였다. 오늘날의 팔리오는 기수들이 콘트라다의 전통 의상을 입고 안장이 없는 말에 올라 캄포 광장을 3바퀴 도는 경기로 매년 7월 2일과 8월 16일에 개최된다. 팔리오 축제가 열리는 캄포 광장에서는 중세의 풍경이 생생하게 재현된다. 총 17개의 콘트라다 중 10개 구역의 기수가 7월에 열리는 팔리오 경주에서 열띤 경쟁을 하게 된다. 그리고 8월의 경기에는 나머지 7개 구역과 7월 경기에 참여했던 10구역 중 3구역을 추첨하여 총 10개 구역이 우승을 겨룬다. 팔리오는 20세기에 일어난 두 번의 세계대전 기간을 제외하고 단 한 번도 중단된 적이 없다. 팔리오에 대한 시에나 시민들의 열정은 단순히 스포츠 경기에 열광하는 것 이상이며 경쟁을 통해 시민들의 화합을 이루는 장이다.

● 마돈나 델 카르미네 축제 Festa della Madonna del Carmine

나폴리에서 가장 오래되고 규모가 큰 종교 축제로 카르멜 산의 성모를 기리기 위한 것이다. 매년 7월 16일 산타 마리아 델 카르미네 마조레 성당(Basilicata santuario della Santa Maria del Carmine Maggiore) 주변에서 축제가 열리는데, 축제의 절정은 전야제인 7월 15일이다. 10시부터 전야기도가 시작되며 자정이 되면 높이가 75m에 이르는 성당의 종탑에서 불꽃놀이를 선보인다.

이밖에도 5월 첫째 주에 아시시에서 열리는 칼렌디마조(Calendimaggio) 축제, 매년 10월 두 번째 일요일에 트리에스테에서 열리는 요트 대회 바르콜라나(Barcolana), 매년 11월 크레모나의 엿 축제(Festa del Torrone)가 있다.

튤립 축제

시에나 팔리오 축제

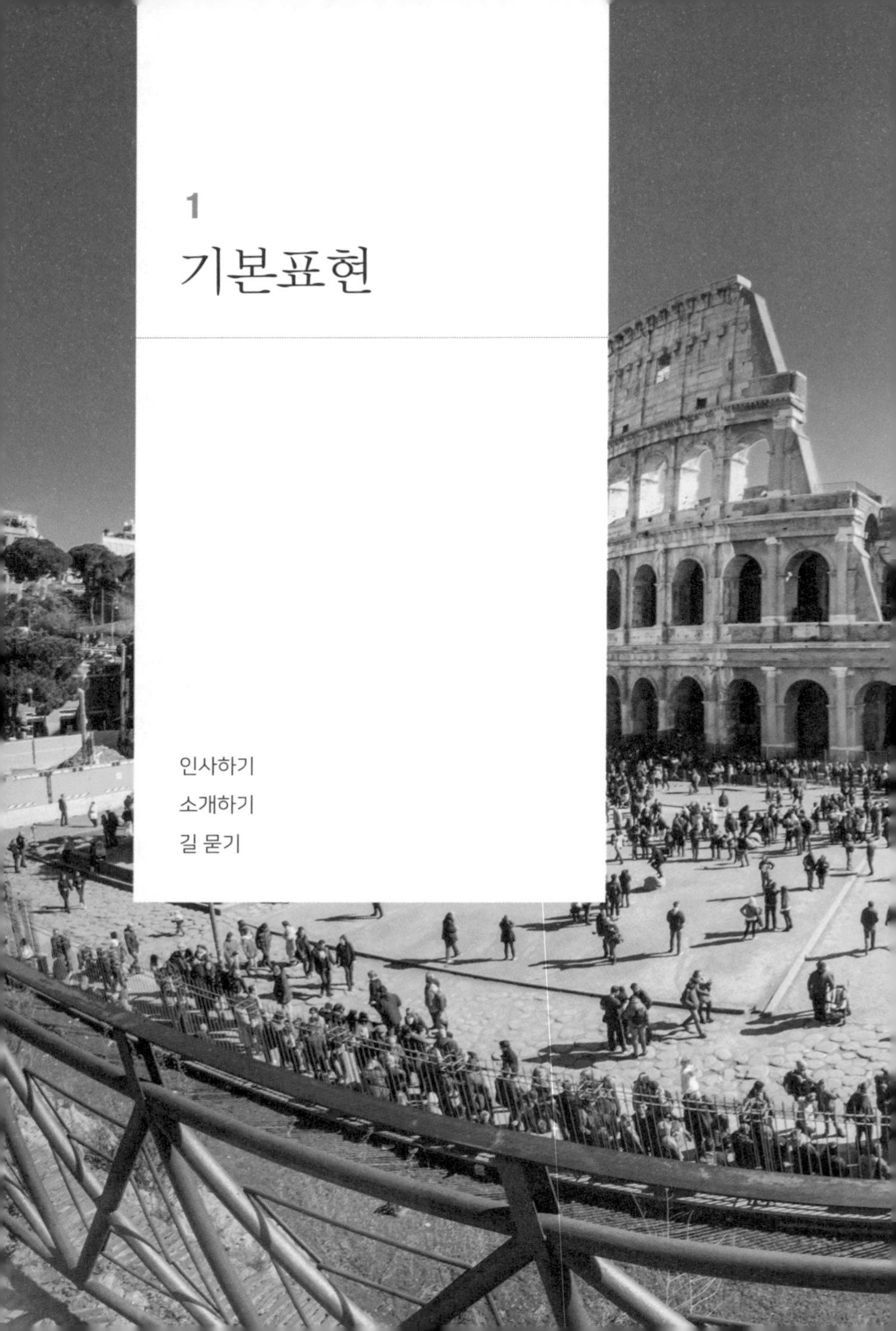

1

기본표현

인사하기

소개하기

길 묻기

Cabani

안녕하세요, 플로리아니 씨.

Buongiorno signor Floriani.

부온죠르노 시뇨르 플로리아니

Floriani

안녕하세요, 카바니 씨! 어떻게 지내세요?

Buongiorno signora Cabani! Come sta?

부온죠르노 시뇨라 까바니! 꼬메 스따

Cabani

저는 잘 지내요, 고마워요. 당신은요?

Sto bene, grazie. E Lei?

스또 베네, 그라찌에, 에 레이

Floriani

저도 잘 지내요, 고마워요.

Anch'io bene, grazie.

앙끼오 베네, 그라찌에

Cabani

제 남편을 소개할게요.

Le presento mio marito.

레 쁘레젠또 미오 마리또

Floriani

반갑습니다.

Molto piacere.

몰또 삐아체레

Manzoni

저도 반가워요!

Piacere mio!

삐아체레 미오

Cabani 오, 기차가 오네요. 그럼 또 봐요!

Oh, ecco il nostro treno. Allora arrivederci!

오, 에꼬 일 노스뜨로 뜨레노. 알로라 아리베데르치

Floriani 즐거운 여행되세요!

Buon viaggio!

부온 비아죠

Buongiorno 부온죠르노 안녕하세요(오전인사)

signore 시뇨레 …씨, 신사 (남성의 성, 앞)

come 꼬메 어떻게

sta 스따 ~있다, ~지내다
(stare 동사의 단수 3인칭 변형)

sto 스또 (stare 동사의 단수 1인칭 변형)

presento 쁘레젠또
(presentare 동사의 단수 1인칭 변형)

e 에 그리고

mio 미오 나의

molto 몰또 많은, 무척

piacere 삐아체레 반가워요

ecco 에꼬 여기 … 있다.

nostro 노스뜨로 우리의

treno 뜨레노 기차

allora 알로라 그럼

arrivederci 아리베데르치 또 만나요

viaggio 비아죠 여행

생생 여행
Tip

• 인사말

이탈리아어의 인사말은 친근한 사이에 건네는 Ciao(챠오)가 대표적이며 언제 어디서든 상황에 구애받지 않는다. 이와 비슷한 인사말로는 Salve(살베)가 있다. Salve는 가볍지도 그렇다고 너무 격식을 차린 인사말도 아니며 상대와 시간에 상관없이 사용가능하다.

이탈리아어에도 시간대 별로 구분해서 하는 인사가 있다. 오전에는 Buongiorno(본죠르노)라고 하며 점심 식사와 브레이크 타임이 끝나는 시점인 4시 정도부터는 저녁 인사인 Buonasera(부오나세라)를 사용한다. 영어의 Good afternoon에 해당되는 오후 인사로 Buon pomeriggio(부온 뽀메리죠)가 있지만 Buonasera를 사용하는 것이 보통이다.

늦은 밤이나 잠자리에 들기 전에는 Buonanotte(부오나노떼)라고 한다. '잘 자/안녕히 주무세요'라는 의미의 Buonanotte는 본뜻과 전혀 상관없는 의미로 사용되기도 한다. 재미있는 표현으로 Buonanotte al secchio(부오나 노떼 알 세끼오)가 있다. secchio는 양동이, 두레박이라는 뜻으로 우물물을 퍼 올리기 위해 매달아 놓은 두레박을 연상하면 이해가 쉽다. 한 번 줄이 끊어져 우물에 빠진 두레박을 건져 올리는 것이 불가능한 것과 같이 어떠한 계획이나 목적이 실현 가능성이 없을 때나 완전한 실패를 이야기 할 때 사용가능한 표현이다.

유용한 회화 표현

1-2.mp3

Ciao!	안녕!
Salve!	안녕하세요!
Buongiorno!	안녕하세요! (오전)
Buonasera!	안녕하세요! (오후)
Buonanotte!	안녕히 주무세요!/ 잘자요!
Arrivederci.	안녕히 계세요/ 안녕히 가세요
A domani.	내일 만나요.
A presto.	곧 만나요.
A dopo.	나중에 봐요.
A lunedì prossimo.	다음 주 월요일에 만나요.
Come stai/Come va?	어떻게 지내?
Come sta?	어떻게 지내세요?
Sto bene.	잘 지내요.
Non c'è male.	나쁘지 않아요.
Così così.	그저 그래요.
Buon pranzo.	점심 식사 맛있게 드세요.
Buona giornata.	좋은 하루 보내세요.
Buona serata.	즐거운 저녁 되세요.
Buone vacanze.	휴가 잘 보내세요.
Buon fine settimana/weekend.	즐거운 주말 보내세요.
Le presento la signora Mariani. = Questa è la signora Mariani.	마리아니 씨를 소개할게요. = 이분은 마리아니 씨에요.
(Molto) piacere = (molto) lieto/lieta!	만나서 (무척) 반갑습니다.

어휘 플러스

가족관계

아버지	padre 빠드레
어머니	madre 마드레
아빠	papà 빠빠
엄마	mamma 맘마
남편	marito 마리또
아내	moglie 몰리에
할아버지	nonno 논노
할머니	nonna 논나
누나, 언니, 여동생	sorella 소렐라
오빠, 형, 남동생	fratello 프라뗄로
삼촌, 고모부, 이모부	zio 찌오
고모, 이모	zia 찌아
조카, 손자	nipote 니뽀떼
장인/시아버지	suocero 수오체로
장모/시어머니	suocera 수오체라
사위	genero 제네로
며느리	nuora 누오라
시아주버니, 시동생, 처남, 매부	cognato 꼬냐또
형수, 시누이, 올케, 처제, 처형, 동서	cognata 꼬냐따

이탈리아가 궁금해

인사 방식

처음 보는 사이에는 인사말과 함께 주로 악수를 나누지만 친근한 사이의 사람들과는 오른쪽 볼부터 양 볼을 맞대고 Due baci(두에 바치)를 나눈다. 친구 사이라면 남성들 간에 해도 전혀 이상하지 않다.

이탈리아 현지에 가면 ciao bello/bella(챠오 벨로/벨라) 혹은 ciao, caro/cara(챠오, 까로/까라)라는 표현을 자주 듣게 될 것이다. bello는 '아름다운, 멋진'이라는 뜻이고 caro는 '소중한, 사랑하는' 뜻으로 주로 잘 알고 있는 사람들끼리 애정을 드러내며 하는 인사말이다. 이성이나 동성 상관없이 누구에게나 사용 가능한 표현이다.

이탈리아 사람들은 이웃 간은 물론 처음 보는 사람과도 눈을 마주치고 인사하는 것이 예의이자 문화이기 때문에 인사를 건넨다면 무심하게 지나치는 사람은 없을 것이다.

Roberto

제 이름은 로베르토입니다. 성함이 어떻게 되세요?

Mi chiamo Roberto. Come si chiama?

미 끼아모 로베르또. 꼬메 시 끼아마

Stéphanie

저는 스테파니입니다.

Io sono Stéphanie.

이오 소노 스테파니

Roberto

어디에서 오셨어요?

Da dove viene?

다 도베 비에네

Stéphanie

저는 프랑스인 입니다. 파리에서 왔어요. 어디 출신이세요?

Sono francese. Vengo da Parigi. E Lei di dov'è?

소노 프란체제. 벵고 다 빠리지. 에 레이 디 도베

Roberto

저는 피렌체 출신인데 밀라노에 살아요.

Io sono di Firenze, ma abito a Milano.

이오 소노 디 피렌체, 마 아비또 아 밀라노

Stéphanie

정말 아름다운 도시죠!

Che bella città!

께 벨라 치따

Roberto

이탈리아에는 어쩐 일이세요?

Perché è in Italia?

빼르께 에 인 이딸리아

Stéphanie

일 때문에 왔어요. 저는 프랑스어 선생님이에요. 당신은 무슨 일을 하세요?

Per lavoro, sono un'insegnante di francese.
E Lei, che lavoro fa?

빼르 라보로, 소노 우닌세냔떼 디 프란체제. 에 레이, 께 라보로 파

Roberto

저는 회사원이에요. 은행에서 일해요.

Io sono impiegato, lavoro in banca.

이오 소노 임삐에가또, 라보로 인 방까

Mi chiamo 미 끼아모 내 이름은 ~ 이다.

sono 소노 ~ 이다 (essere 동사의 단수 1인칭)

da 다 ~로 부터 (전치사)

dove 도베 어디에

viene 비에네 오다 (venire 동사의 단수 3인칭)

francese 프란체제 프랑스인

ma 마 하지만

abito 아비또 살다, 거주하다 (abitare 동사의 단수 1인칭)

che 께 무슨, 무엇

bella 벨라 아름다운

città 치따 도시

perché 빼르께 왜, 왜냐하면

in 인 ~에서 (전치사)

per 빼르 ~을 위해, ~ 때문에

lavoro 라보로 일 / 일하다 (lavorare 동사의 단수 1인칭)

insegnante 인세냔떼 선생님

di 디 ~의

fa 파 하다 (fare 동사의 단수 2인칭)

impiegato 임삐에가또 회사원

banca 방까 은행

생생 여행 Tip

• 애정표현

이탈리아 인들은 친구와 가족 연인 간에 애정표현을 주저하지 않는다. 애정을 표현하는 말로 자주 듣게 되는 표현은 volere bene(볼레레 베네)와 amare(아마레)이다. 우리나라의 많은 사람들이 사랑한다는 이탈리아어 표현으로 "Ti amo(띠 아모)"를 알고 있다. 그러나 amare는 사랑하는 연인 사이에 진지하게 쓰이는 표현이다. 반면에 volere bene는 연인이 아니더라도 마음을 전하고자 할 때 일상적으로 쓰이는 표현이다.

Voglio molto bene a mia zia. 나는 이모를 무척 사랑해.

Ti amerò per sempre. 널 영원히 사랑 할 거야.

유용한 회화 표현

1-4.mp3

Come ti chiami?	네 이름이 뭐야 ?
Qual è il tuo nome/cognome?	네 이름/성이 뭐야?
Come si chiama?	당신 이름은 어떻게 되세요?
Qual è il Suo nome/cognome?	당신의 이름/성은
Mi chiamo/ Sono ...	제 이름은/ 저는 … 입니다.
Di che nazionalità è Lei?	당신의 국적은 어디입니까?
Tu sei francese?	너는 프랑스 인이니?
Vengo da Parigi.	나는 파리에서 왔어.
Di dove sei?	너는 어디 출신이야?
Sono di Parigi.	나는 파리 출신이야.
Che lavoro fai?	너는 무슨 일 해?
Dove abita?	당신은 어디에 사세요?
Abito a Torino.	저는 토리노에 살아요.
Che cosa fai/fa?	너는 무슨 일을 하니? / 당신은 무슨 일을 하십니까?
Sono studente/studentessa.	저는 학생입니다.
Sono ingegnere.	저는 엔지니어입니다.
Sono giornalista.	저는 기자입니다.
Sono professore.	저는 교수입니다.

어휘 플러스

국적(사람)

이탈리아	Italia 이딸리아	italiano/a 이딸리아노
미국	America 아메리까	americano/a 아메리까노
호주	Australia 아우스트랄리아	australiano/a 아우스트랄리아노
멕시코	Messico 메씨꼬	messicano/a 메씨까노
한국	Corea 꼬레아	coreano/a 꼬레아노
러시아	Russia 루씨아	russo/a 루쏘
그리스	Grecia 그레치아	greco/a 그레꼬
영국	Inghilterra 잉길떼라	inglese 잉글레제
아일랜드	Irlanda 이를란다	irlandese 이를란데제
네덜란드	Olanda 올란다	olandese 올란데제
핀란드	Finlandia 핀란디아	finlandese 필란데제
노르웨이	Norvegia 노르베쟈	norvegese 노르베제세
중국	Cina 치나	cinese 시네제
프랑스	Francia 프란치아	francese 프란체제
포르투갈	Portogallo 뽀르또갈로	portoghese 뽀르또게제
캐나다	Canada 까나다	canadese 까나데제
일본	Giappone 쟈뽀네	giapponese 쟈뽀네제

이탈리아가 궁금해

이탈리아 가족주의

이탈리아는 가족주의가 상당히 강한 나라이다. 유럽 어느 나라보다 가족 간의 정이 돈독하여 결속력이 강하다. 이탈리아 가족주의의 기원은 그리스도교가 들어온 후부터 이탈리아에 지속적인 영향을 끼쳤던 가톨릭 문화라 할 수 있다. 가족주의가 사회운영의 중심축 역할을 하고 있으며 이탈리아인들의 자아정체성은 가족으로부터 나온다고 할 수 있다.

신기술의 수용이 느린 이탈리아에서 휴대폰 사용이 급속도로 퍼졌던 이유도 가족과의 연락 수단용으로 생각했기 때문이다. 어머니를 중심으로 한 가족 구성원 사이의 유대가 중요한 사회적 가치로 자리매김하였다. 이탈리아 가정에서 어머니의 역할은 매우 중요하며 아직까지도 전통적인 여성상이 지배적이다. 우리나라와 비교해 상대적으로 엄마와 보내는 시간이 많은 이탈리아 아이들은 엄마에게 의존하는 성향이 짙게 나타난다. 이탈리아에 mammone(맘모네)라고 불리는 마마보이가 많은 이유도 이 때문이다.

Turista 실례합니다, 베로나 아레나가 어디에 있는지 아세요?

Mi scusi, sa dov'è l'Arena di Verona?

미 스꾸지, 사 도베 라레나 디 베로나

Abitante 그럼요, 브라 광장에 있어요.

Sì, è in Piazza Bra.

씨, 에 인 삐아짜 브라

Turista 걸어가면 먼가요?

È lontano a piedi?

에 론따노 아 삐에디

Abitante 아니요, 가까워요. 10분 정도밖에 안 걸려요.

No, no, è vicino... solo 10 minuti.

노, 노, 에 비치노... 솔로 디에치 미누띠

Turista 길을 알려주시겠어요?

Mi può indicare la strada, per piacere?

미 뿌오 인디까레 라 스뜨라다, 뻬르 삐아체레

Abitante 그러니까… 이 길 끝까지 쭉 가세요. 그 다음에 왼쪽으로 돌면 브라 광장이 나옵니다.

Dunque... vada sempre dritto fino alla fine della strada. Poi giri a sinistra e lì c'è la Piazza Bra.

둔꿰... 바다 셈쁘레 드리또 피노 알라 피네 델라 스뜨라다. 뽀이 지리 아 시니스뜨라 에 리 체 라 삐아짜 브라

오페라 보러 가세요?

Va a vedere l'opera?

바 아 베데레 로뻬라

Turista

네, 오늘 저녁에 베르디의 아이다 공연이 있어요.

Sì, stasera c'è l'Aida di Verdi.

씨, 스따세라 체 라이다 디 베르디

정말 감사합니다.

La ringrazio molto.

라 링그라찌오 몰또

Abitante

별말씀을요. 즐거운 저녁 되세요!

Si figuri. Buona serata!

시 피구리. 부오나 세라따

Mi scusi ... 미 스꾸지 실례합니다, 죄송합니다.
sa 사 알다 (sapere 동사의 단수 3인칭)
piazza 삐아짜 광장
a piedi 아 삐에디 걸어서
lontano 론따노 (거리가) 먼
vicino 비치노 가까운
può 뿌오 할 수 있다 (potere 동사의 단수 3인칭)
indicare 인디까레 가리키다
strada 스뜨라다 길, 거리
dunque 둔꿰 그러니까, 그러므로
vada 바다 가다 (andare 동사의 존칭 명령)
fino a 피노 아 ~ 까지
giri 지리 돌다 (girare 동사의 존칭 명령)
sinistra 시니스뜨라 왼쪽
vedere 베데레 보다
stasera 스따세라 오늘 저녁

생생 여행

Tip

• 거리 안내표지판 읽기

이탈리아 거리 곳곳을 다니다보면 유독 자주 눈에 띄는 표지판들이 있다. 현지 언어를 잘 모른다 하더라도 이미지를 보고 쉽게 추측이 가능하다. 여행 시에 유용할 수 있는 표지판 몇 가지를 살펴보면 다음과 같다.

구시가지 우체국 응급실 병원 소방서 약국

공중전화 관광안내소 군경찰 경찰 기차역 공항

특히, 운전자라면 유의해야 할 표지판이 있다. 일명 'ZTL'이라고 부르는 'Zona Traffico Limitato(차량제한구역)'이다. 허가된 차량 외에는 진입을 금지한다는 표시로 진입 시에는 벌금이 부가된다. 지역별로 ZTL적용 시간이 상이하니 미리 확인하는 것이 좋다.

유용한 회화 표현

1-6.mp3

Sa dirmi / Mi sa dire dov'è via Garibaldi?	가리발리 길이 어디 있는지 말씀해주시겠어요?
Via Garibaldi è lontano?	가리발디 길이 먼가요?
Mi può dire dov'è la banca?	은행이 어디 있는지 알려주시겠어요?
Scusi, c'è una farmacia qui vicino?	죄송하지만, 근처에 약국이 있나요?
Lei va sempre dritto fino al semaforo.	신호등까지 계속 직진하세요.
Deve prendere la prima a destra.	오른쪽 첫번째 길로 가세요.
Attraversi il ponte/la piazza.	다리/광장을 건너세요.
Deve camminare per 100 metri.	100미터를 걸어가야해요.
Deve girare a destra/sinistra.	오른쪽/왼쪽으로 돌아가셔야 돼요.
Non sono di queste parti.	저는 이곳 사람이 아니에요.
Mi dispiace, non lo so.	미안하지만, 모르겠네요.
La farmacia è dietro il bar.	약국은 바 뒤에 있다.
La stazione è di fronte alla farmacia.	기차역은 약국 맞은편에 있다.
Il supermercato è davanti all'ospedale.	슈퍼마켓은 병원 앞에 있다.
Dopo la pizzeria c'è il tabaccaio.	피자가게를 지나면 담배가게가 있어요.

어휘 플러스

광장	**piazza** 삐아짜
분수	**fontana** 폰타나
인도	**marciapiede** 마르차삐에데
다리	**ponte** 뽄떼
횡단보도	**strisce pedonali** 스트리쉐 뻬도날리
교차로	**incrocio** 잉끄로쵸
시내	**centro** 첸뜨로
터널	**galleria** 갈레리아
주차	**parcheggio** 빠르께죠
기차역	**stazione** 스따치오네
정류장	**fermata** 페르마따
신호등	**semaforo** 세마포로
여기	**qui/qua** 뀌/꽈
거기	**lì/là** 리/라
오른쪽으로	**a destra** 아 데스뜨라
왼쪽으로	**a sinistra** 아 시니스뜨라
뒤에	**dietro** 디에뜨로
옆에	**accanto** 아깐또
맞은편에	**di fronte/davanti** 디 프론떼/다반띠
극장	**teatro** 떼아뜨로
영화관	**cinema** 치네마
약국	**farmacia** 파르마치아
은행	**banca** 방까
슈퍼마켓	**supermercato** 수뻬르메르까또
박물관	**museo** 무세오

이탈리아가 궁금해

베로나의 오페라 극장

베로나의 오페라 극장, 아레나(Arena di Verona)는 로미오와 줄리엣의 도시 베로나의 브라 광장에 위치한 오페라 극장이다. 1세기에 지어진 고대 로마의 원형극장인 아레나는 오늘날 까지도 잘 보존되어 사용되고 있다. 특히, 대형 오페라 공연이 이루어지며 국제적인 명성을 누리고 있다. 총 3만 명을 수용할 수 있는 규모로 지어졌지만 보안상 1만 5천 명으로 최대인원을 제한하고 있다. 아레나가 극장으로서의 기능을 회복한 때는 르네상스 시기이며 1913년부터 본격적인 오페라 공연을 선보이기 시작했다. 가장 처음 아레나에서 공연된 20세기의 오페라 작품은 주세페 베르디의 아이다(Aida)였다. 베르디 탄생 100주년을 기념한 무대였다. 그 뒤를 이어 푸치니와 로시니의 작품을 중심으로 다양한 오페라가 공연되었다. 양차 대전 기간을 제외하고 현재까지 매년 여름이면 베로나에는 오페라 축제가 계속되었다. 최근에는 오페라 공연뿐만 아니라 폴 매카트니와 아델 등 대중 가수의 콘서트도 개최되었다.

6~9월 사이에 이탈리아를 여행하게 된다면 베로나의 고대 원형 경기장 돌계단에 앉아 웅장한 오페라를 감상해보는 것도 좋을 추억이 될 것이다. 별도의 음향시설 없이 공연장을 가득 채우는 배우들의 목소리는 아련하게 비치는 달빛과 어우러져 환상적인 분위기를 연출한다. 축제기간 동안 50회 이상의 공연이 펼쳐지며 공연시간은 밤 9시경이다. 티켓 가격은 좌석에 따라 상이하지만 만 30세 이하 65세 이상, 또는 학생이나 교직원은 사전에 예매하면 최대 50%까지 할인 혜택을 받을 수 있다.

2

공항

체크인

좌석 변경 요청

차량 렌트하기

기차표 구매

124
CHECK-IN
123
Alitalia
ASSISTENZA PASSEGGERI
FAMIGLIE CON BAMBINI
GRUPPI
Alitalia
Alitalia
Alitalia
Alitalia

Viaggiatore

안녕하세요, 밀라노행 티켓이 있습니다.

Buongiorno, ho un biglietto per Milano.

부온죠르노, 오 운 빌리에또 빼르 밀라노

Personale

여권주세요. 짐이 있습니까?

Mi dia il suo passaporto, prego. Ha bagagli?

미 디아 일 수오 빠싸뽀르또, 쁘레고. 아 바갈리

Viaggiatore

네, 수화물 하나와 여기 기내 가방 하나가 있습니다.

Sì, ho una valigia e questo bagaglio a mano.

씨, 오 우나 발리쟈 에 꿰스또 바갈리오 아 마노

Personale

수화물을 벨트 위에 올려주시겠어요?

Vuole mettere la valigia sul nastro, per piacere?

부올레 메떼레 라 발리쟈 술 나스뜨로, 빼르 삐아체레

Viaggiatore

네, 무게가 많이 나가지 않아야 할텐데.

Sì, spero che non sia troppo pesante.

씨, 스뻬로 께 논 시아 뜨로뽀 뻬산떼

Personale

괜찮아요. 모두 규정에 맞습니다. 창가와 복도 중 어느 자리를 원하세요?

Bene, tutto in ordine. Desidera un posto lato finestrino o corridoio?

베네, 뚜또 인 오르디네. 데지데라 운 뽀스또 라또 피네스뜨리노 오 꼬리도이오

Viaggiatore

창가 자리 주세요. 감사합니다.

Finestrino, grazie.

피네스뜨리노, 그라찌에

Personale 여기 탑승권입니다.

Ecco la sua carta d'imbarco.

에꼬 라 수아 까르따 딤바르꼬

Viaggiatore 탑승 게이트는 몇 번인가요?

A quale ingresso devo presentarmi per la partenza?

아 꽐레 잉그레쏘 데보 쁘레젠따르미 뻬르 라 빠르텐짜

Personale 16번 게이트 입니다. 즐거운 여행 되세요.

Al 16. Buon viaggio.

알 세디치. 부온 비아죠

---

biglietto 빌리에또 티켓
per 뻬르 ~ 행 (목적지)
mi 미 나에게
dia 디아 주다 (dare 동사의 존칭 명령)
passaporto 빠싸뽀르또 여권
valigia 발리쟈 여행가방
bagaglio a mano 바갈리오 아 마노 기내가방
vuole 부올레 원하다 (volere 동사의 단수 3인칭)
mettere 메떼레 놓다
nastro 나스뜨로 끈
spero 스뻬로 (sperare 동사의 단수 1인칭)
sia 시아 (essere 동사의 접속법 단수 3인칭)
troppo 뜨로뽀 너무 ~한
pesante 뻬산떼 무거운
finestrino 피네스뜨리노 창문 (finestra의 축소형)
corridoio 꼬리도이오 복도
desidera 데지데라 (desiderare 동사의 단수 3인칭)
posto 뽀스또 자리
carta d'imbarco 까르따 딤바르꼬 탑승권
ingresso 잉그레쏘 입구
presentare 쁘레젠따레 보여주다, 소개하다
partenza 빠르뗀짜 출발

생생 여행
Tip

• 로마 레오나르도 다 빈치 공항

레오나르도 다빈치(Leonardo da Vinci) 공항은 이탈리아의 수도인 로마에서 서쪽으로 30km 떨어진 피우미치노에 위치한 국제공항이다. 이탈리아 국적기인 알리탈리아(Alitalia) 항공을 포함하여 총 105개의 항공사가 로마-피우미치노 공항을 이용하며 2018년 한 해 동안 집계된 이용 승객만 해도 4천 3백만 명이다. 레오나르도 다 빈치 공항은 각국의 주요도시를 연결하는 허브 공항으로 역할을 하고 있으며 2018년 '공항 서비스 평가'에서 유럽부문 3위를 차지했다.

피우미치노 공항(Aeroporto di Roma-Fiumicino)에서 로마 테르미니 역(Stazione di Roma Termini)으로 이동하는 방법은 버스, 기차, 택시를 이용하는 방법이 대표적이며 렌트카나 호텔의 셔틀버스를 이용하는 방법도 있다. 그 중 버스는 왕복 10유로 내외로 저렴하게 이용할 수 있다는 장점이 있다. 교통 체증이 없을 경우 1시간 가량 소요된다. 두 번째로 공항철도인 레오나르도 익스프레스를 이용하는 방법이 있다. 편도 14유로로 가격이 비교적 비싼 편이지만 30분 만에 로마 시내에 도착할 수 있다는 장점이 있다. 무엇보다 6시 38분부터 23시 38분까지 30분 간격으로 수시로 운행하여 늦은 시간에도 이용가능하다. 세 번째로 택시를 이용하는 방법이 있는데 부득이하게 택시를 이용해야 한다면 Comune di Roma(코무네 디 로마)라고 적혀있는 흰색 택시를 이용할 것을 권장한다. 요금은 48유로 균일가로 책정되어 있지만 자정이후 시간에는 비싼 가격을 요구하는 경우가 있다고 하니 가격협상을 한 뒤 탑승해야 한다.

유용한 회화 표현

2-2.mp3

Ho un biglietto per Milano.	밀라노 행 티켓이 있습니다.
Passaporto per favore.	여권을 보여주세요.
Ha il numero della prenotazione?	예약번호가 있으신가요?
Ecco il mio numero di prenotazione.	예약번호 여기 있습니다.
Qual è la sua destinazione?	가시는 목적지가 어디 입니까?
C'è un volo per Seoul stasera?	오늘 저녁 서울행 항공편이 있나요?
Quanti bagagli ha per il check-in?	부칠 짐이 몇 개 있습니까?
Ho una valigia.	가방이 하나 있습니다.
Ho un bagaglio a mano.	기내 가방이 하나 있습니다.
Posso vedere il suo bagaglio a mano?	기내 가방을 보여주시겠습니까?
Ecco la carta d'imbarco.	여기 탑승권입니다.
L'imbarco è all'uscita 15.	탑승은 15번 게이트에서 합니다.
A che ora è l'imbarco?	탑승 시간은 언제인가요?
L'imbarco è dalle 20:15.	탑승은 20시15분부터 합니다.
Il check-in chiude 40 minuti prima della partenza.	체크인은 출발 40분전에 마감합니다.

어휘
플러스

도착	Arrivi 아리비
출발	Partenze 빠르뗀쩨
착륙하다/착륙	atterrare/atterraggio 아떼라레/아떼라죠
이륙하다/이륙	decollare/decollo 에꼴라레/데꼴로
항공사	compagnia aerea 꼼파니아 아에레아
수화물 택	scontrino del bagaglio 스꼰뜨리노 델 바갈리오
국제선 체크인	Check-in internazionali 체크인 인떼르나찌오날리
국제선 출발	Partenze internazionali 파르뗀쩨 인떼르나찌오날리
국내선	Voli domestici 볼리 도메스띠치
게이트 1–32	Imbarchi 1-32 임바르끼
면세점	Duty free 듀티 프리
환승	Transfer 트랜스퍼
연결편	Collegamenti aerei 꼴레가멘띠 아에레이
수화물 찾는곳	Ritiro bagagli 리띠로 바갈리
여권 검사	Controllo passaporti 꼰뜨롤로 빠싸뽀르띠
세관	Dogana 도가나

이탈리아의 날씨

이탈리아의 기후는 대체로 온화한 편이다. 그러나 늘 쾌적한 날씨가 이어지는 것은 아니다. 한여름에는 기온이 40도에 육박하는 찌는 듯한 무더위가 찾아오는가 하면 겨울에는 영하 10도 이하로 내려가는 곳도 있다. 겨울은 우리나라에 비하면 기온이 높은 편이지만 그래도 겨울이니 대체로 날씨가 쌀쌀하다. 봄에는 따뜻하지만, 비가 자주 내린다. 여름은 덥고 건조하고 가을은 맑고 청명하다. 부츠처럼 위아래로 길게 늘어진 지형 탓에 남부와 북부의 날씨가 확연히 차이가 난다. 알프스와 아펜니노 토스코-에밀리아노 산맥 사이에 위치한 이탈리아 북부는 바다에서 불어오는 온화한 바람의 영향을 상대적으로 덜 받아 겨울에는 혹독한 추위가 찾아오며 여름에는 습하고 무더운 편이다. 한편, 시칠리아와 사르데냐를 포함한 이탈리아 남부의 날씨는 건조하고 강우량이 적어 가뭄이 잦다. 겨울은 북부에 비해 춥지 않으며 봄, 가을에는 북부의 여름만큼 따뜻해서 여전히 해수욕을 즐기는 사람들로 해변이 북적인다.

Passeggero

실례합니다. 저는 이미 온라인 체크인을 했는데요. 좌석을 바꾸고 싶어요.

Mi scusi, ho già fatto il check-in online, ma vorrei cambiare posto.

미 스꾸지, 오 쟈 파또 일 체크인 올라인, 마 보레이 깜비아레 뽀스또

Personale

36C 창가 쪽 좌석을 예약하셨네요.

Il suo posto è 36C, un posto vicino al finestrino.

일 수오 뽀스또 에 뜨렌따세이치, 운 뽀스또 비치노 알 피네스뜨리노

Passeggero

비상구 쪽에 빈 좌석이 있나요?

È libero un posto vicino alle uscite di emergenza?

에 리베로 운 뽀스또 비치노 알레 우쉬떼 디 에메르젠짜

Personale

네, 한 좌석 남아 있습니다만 추가요금 79유로를 지불하셔야 합니다.

Sì, c'è un posto disponibile con un supplemento di 79 euro da pagare.

씨, 체 운 뽀스또 디스뽀니빌레 꼰 운 수쁠레멘또 디 세딴따노베 에우로 다 빠가레

Passeggero

괜찮습니다.

Va bene.

바 베네

Personale

그러면 20A 좌석입니다.

Allora il suo posto è 20A.

알로라 일 수오 뽀스또 에 벤띠아

Passeggero 감사합니다. 안녕히 계세요.

Grazie mille, arrivederci.

그라찌에 밀레, 아리베데르치

Personale 안녕히 가세요.

Arrivederci.

아리베데르치

---

ho fatto 오 파또 했다
(fare 동사의 완료과거 1인칭 단수)

vorrei 보레이 원하다
(volere 동사의 조건법 1인칭 단수)

cambiare 깜비아레 바꾸다

vicino a 비치노 아 ~근처에

libero 리베로 자유로운, 이용가능한

uscita di emergenza 우쉬따 디 에메르젠짜 비상구

disponibile 디스뽀니빌레 이용가능한

supplemento 수쁠레멘또 추가요금

생생 여행
Tip

• 택스 리펀(TAX Refund)

이탈리아 현지에서 구입한 물건을 가지고 본국으로 돌아갈 경우, 물건 가격에 포함되어 있던 부가가치세를 환급받을 수 있다. 이를 '외국인 대상 세금 환급 제도'라 부른다. 이탈리아어로는 Rimborso IVA 혹은 Recupero IVA라고 한다. 부가세율 및 최소 구매 금액이 나라별로 모두 다른데 이탈리아의 경우 세율은 20%이고 155유로 이상을 구매해야 택스 리펀을 신청할 수 있다. 택스 리펀은 아무 데서나 받을 수 없다. 택스 리펀 가맹점인지 반드시 확인해야 한다. 매장 점원에게 택스 리펀을 하겠다고 하면 서류를 작성해주는데 여권과 신용카드가 필요하다.

환급 방식은 현금과 카드 중 선택할 수 있다. 이탈리아의 몇몇 아울렛 매장에서는 택스 리펀 창구를 운영하고 있어 당일에 바로 환급이 가능한 경우도 있지만 일반적으로 공항에서 신청한다. 환급 방법 또한 공항마다 다른데, 로마의 경우 이탈리아 내에서 구매한 상품의 경우 별도의 세관확인창구(Dogana)에서 확인 도장을 받을 필요 없이 해당 택스 리펀 회사에서 바로 절차를 진행해준다. 그러므로 체크인 후 여권과 탑승권을 소지하여 택스 리펀 환급 창구로 가면 된다. 택스 리펀은 국제 무역 활성화와 관광객 유치를 확대하기 위해 시행되고 있는 제도로 여행의 마무리를 기분 좋게 만들어 준다.

유용한
회화 표현

2-4.mp3

Mi dia un posto vicino al corridoio, per favore.	복도좌석을 주세요.
Vuole un posto vicino al finestrino o al corridoio?	창가석과 복도석 중 어떤 좌석을 원하세요?
Ha dei liquidi od oggetti affilati nel suo bagaglio a mano?	기내 가방에 액체류나 날카로운 물건이 있나요?
Può mettere gli oggetti metallici nella vaschetta, per favore?	금속 제품을 바구니에 넣어주세요.
Per favore tolga il computer portatile dalla sua borsa.	노트북을 가방에서 꺼내주십시오.
Il volo è in ritardo.	항공기가 연착되었습니다.
Il volo è stato cancellato.	항공기가 결항되었습니다.
Qual è il numero del suo posto?	좌석 번호가 어떻게 되세요?
Per favore spegnete tutti i cellulari e gli apparecchi elettronici.	휴대폰과 전자제품의 전원을 모두 꺼주세요.
Atterreremo tra circa 45 minuti.	45분 뒤에 착륙하겠습니다.
Qual è l'ora locale all'arrivo?	현지 도착시간이 어떻게 되나요?
Saranno le 4:30 del mattino.	오전 4시30분입니다.
C'è un volo diretto per Milano?	밀라노행 직항편이 있나요?
Controllo un po'.	확인해 보겠습니다.
Deve fare uno scalo.	경유하셔야 합니다.

어휘 플러스

출발편 시간표	Tabella delle partenze 따벨라 델레 빠르뗀쩨
도착편 시간표	Tabella dei arrivi 따벨라 데이 아리비
바구니	vaschetta 바스께따
노트북	computer portatile 꼼뿌떼르 뽀르따띨레
전자제품	apparecchi elettronici 아빠레끼 엘레뜨로니치
탑승권	carta d'imbarco 까르따 딤바르꼬
좌석번호	numero del posto 누메로 델 뽀스또
머리 위쪽 기내 수화물 보관함	ripiano portabagagli 리삐아노 뽀르따바갈리
체크인 오픈	Check-in aperto 체크인 아뻬르또
지연	In ritardo 인 리따르도
결항	Cancellato 깐첼라또
탑승중	Imbarco in corso 임바르꼬 인 꼬르소
탑승수속 마감 마지막 안내방송	Ultima chiamata 울띠마 끼아마따
탑승마감임박	L'imbarco sta per chiudere 림바르꼬 스따 뻬르 끼우데레
탑승마감	Imbarco chiuso 임바르꼬 끼우소
이륙 완료	Decollato 데꼴라또
도착 예정 시간	Previsto 00:00 쁘레비스또
착륙 시간	Atterrato 00:00 아떼라또

비자와 체류기간

이탈리아는 우리나라와 솅겐협정(Schengen Agreement)을 맺은 나라로 90일 이내 관광 및 비즈니스 목적을 위한 방문 및 체류의 경우 비자를 따로 발급받을 필요 없이 입국이 가능하다. 그러나 90일 이상 체류하기 위해서는 목적에 따른 비자를 소지해야 하며 현지에서 체류허가증을 발급받아야 한다. 이탈리아 비자의 종류를 크게 5가지로 나누어 보면, 관광비자, 학생비자, 노동비자, 워킹홀리데이 비자, 동반가족비자가 있다.

관광비자는 위에서 언급한 무비자에 해당된다. 학생비자는 이탈리아 정부에서 공인 어학원 및 공립 또는 사립학교에 등록한 사람에게 발급되는 비자이다. 노동비자는 현지에서 고용이 된 경우 체류를 위해 필요한 노동허가증이다. 워킹홀리데이 비자는 말 그대로 휴가도 보내고 노동도 할 수 있는 비자이다. 그러나 휴가의 성격이 더 크기 때문에 법적으로 노동은 6개월까지만 허용된다. 신청자격조건은 기존에 워킹홀리데이 비자를 받은 적이 없는 만 18세에서 30세로 동반가족이 없어야 한다. 동반가족비자는 가족이 현지회사에서 근무하거나 한국기업의 주재원 등으로 거주하는 경우 신청할 수 있는 비자이다.

Cliente

2주간 자동차를 렌트하고 싶어요.

Vorrei noleggiare un auto per due settimane.

보레이 놀레자레 운 아우또 뻬르 두에 세띠마네

Impiegata

어떤 종류의 차를 찾으세요?

A che tipo di auto è interessato?

아 께 띠뽀 디 아우또 에 인떼레싸또

Cliente

트렁크가 넉넉하면 좋겠습니다. 짐이 많거든요.

Preferirei un auto con il bagagliaio spazioso, perché ho molte valigie.

쁘레페리레이 운 아우또 꼰 일 바갈리아이오 스빠찌오소, 뻬르께 오 몰떼 발리제

Impiegata

그러면 이런 차들이 있습니다.

Allora abbiamo queste disponibili.

알로라 아비아모 꿰스떼 디스뽀니빌리

Cliente

이 빨간색 차는 하루에 얼마인가요?

Questa rossa quanto viene al giorno?

꿰스따 로싸 꽌또 비에네 알 죠르노

Impiegata

연료와 보험 포함해서 40유로입니다.

40 euro incluse benzina e assicurazione.

꽈란따 에우로 인끌루세 벤지나 에 아씨꾸라찌오네

Cliente

좋습니다! 자동차 반납은 이곳에서 해야 하나요?

Ottimo! Devo restituire l'auto qui?

오띠모! 데보 레스띠뚜이레 라우또 뀌

Impiegata

그러실 필요 없습니다. 저희 회사의 모든 지점에서 반납이 가능해요.
다만 연료를 가득 채워서 반납하셔야 합니다.

Non è necessario. È possibile restituirla in diversi punti della nostra compagnia. L'unica cosa è che la macchina va restituita con il serbatoio pieno.

논에 네체싸리오. 에 뽀씨빌레 레스띠뚜이를라 인 디베르시 뿐띠 델라 노스뜨라 꼼빠니아. 루니까 꼬사 에 께 라 마끼나 바 레스띠뚜이따 꼰 일 세르바또이오 삐에노

---

noleggiare 놀레쟈레 빌리다

auto/macchina 아우또/마끼나 자동차

due 두에 숫자 2

settimana 세띠마나 주

tipo 띠뽀 유형

preferirei 쁘레페리레이 선호하다
(preferire 동사의 조건법 1인칭 단수)

bagagliaio 바갈리아이오 트렁크

spazioso 스빠찌오소 넓은

rossa 로싸 빨간색

al giorno 알 죠르노 하루에

incluso 인끌루소 포함한

benzina 벤지나 휘발유

assicurazione 아씨꾸라찌오네 보험

restituire 레스띠뚜이레 돌려주다

necessario 네체싸리오 필수적인

diverso 디베르소 다른, 다양한

compagnia 꼼파니아 회사

serbatoio 세르바또이오 저장소, 연료통

생생 여행
Tip

• 차량 렌트하기

이탈리아는 대도시뿐만 아니라 구석구석 보석 같은 소도시들을 여행하는 것 또한 묘한 매력이 있다. 그러나 그 아름다움을 느끼기 위해 가는 여정이 녹녹치 않다. 소도시로 연결되는 교통편이 그다지 많지 않을 뿐 그마저도 정보를 찾기가 쉽지 않다. 그럴 때는 과감하게 차량을 렌트하는 것이 현명한 방법이다. 렌트 업체 사이트에서 온라인으로 예약 후 원하는 장소에서 픽업하는 방법과 직접 공항이나 시내에 위치한 지점을 찾아가 이용하는 방법이 있다.

반드시 국제운전면허증, 한국면허증, 여권 신용카드를 소지하고 있어야 렌트가 가능하다. 이 모든 것이 준비가 됐으면 우선 원하는 차량의 사양을 정하고 유류 옵션 및 추가 장비, 보험 상품 등을 꼼꼼하게 확인한다. 사고는 나지 말아야 하지만 만일의 경우를 대비하여 수퍼 커버 보험, 즉 완전 면책 보험 가입이 필수이다. 접촉사고나 긁힘, 차량 도난 시 보험 적용을 받을 수 있다. 차량을 인수 받을 경우 업체에서 고지하지 않은 차량 내, 외부에 별다른 이상은 없는지 살펴보는 것도 중요하다. 픽업과 반납하는 도시가 다를 경우 추가 비용이 발생할 수 있다.

유용한 회화 표현

2-6.mp3

Vorrei noleggiare una macchina.	자동차를 렌트하고 싶어요.
Come si apre il serbatoio?	연료 주입구는 어떻게 여나요?
Che tipo di macchine avete?	어떤 종류의 자동차가 있나요?
La macchina ha le chiusure di sicurezza per bambini?	자동차에 어린이 안전장치가 있나요?
Per quanto tempo Le serve?	얼마동안 필요하시죠?
Che tipo di auto vuole con cambio manuale o automatico?	수동과 오토매틱 중 어떤 종류의 차를 원하시나요?
Vorrei una con il cambio automatico.	오토매틱으로 할게요.
La macchina ha l'aria condizionata?	자동차에 에어컨이 설치되어 있나요?
Quanto costa al giorno?	하루에 비용이 얼마인가요?
Mi serve per una settimana.	일주일 동안 필요합니다.
Vuole iscriversi all'assicurazione?	보험을 드시겠어요?
Posso vedere la sua patente?	운전 면허증을 보여 주시겠어요?
Ecco la mia patente internazionale.	제 국제 운전면허증 입니다.
Dovrete riportarla con il serbatoio pieno.	연료를 채워서 반납하셔야 합니다.
Dev'essere riconsegnata per le 14 di sabato.	토요일 오후 2시까지 반납하셔야 합니다.

어휘
플러스

렌터카 대여소	compagnia di autonoleggio 꼼빠니아 디 아우또놀레죠
면허증	patente 빠뗀떼
라이트	luci 루치
지시등	freccie 프레치에
와이퍼	tergicristalli 떼르지끄리스딸리
트렁크	bagagliaio 바갈리아이오
후드 (자동차 앞부분)	cofano 꼬파노
휘발유	benzia 벤지나
디젤	diesel 디젤
수동변속기	cambio manuale 깜비오 마누알레
자동변속기	cambio automatico 깜비오 아우또마띠꼬
네비게이션	navigatore 네비가또레
보증금	deposito 데뽀지또
에어컨	aria condizionata 아리아 꼰디찌오나따
자동차의 모든 문을 한꺼번에 잠그거나 여는 장치	chiusura centralizzata 끼우수라 첸뜨랄리짜따
반납하다	riconsegnare 리꼰세냐레

공공자전거

서울시의 공공자전거 '따릉이'와 비슷한 자전거 대여 시스템은 우리나라 보다 훨씬 앞서 이탈리아의 로마, 밀라노, 피렌체, 나폴리 등 주요 도시에서 시행 중이다. 친환경적이고 대중교통이나 자가용을 이용하는 것보다 훨씬 경제적이어서 많은 사람들의 호응을 받고 있다. 지역별로 명칭과 대여 원칙이 조금씩 차이가 있지만 기본 원리는 동일하다. 일일권과 정기권(30일, 90일, 6개월, 1년)으로 나누어 이용자들에게 편의를 제공하고 있다.

피렌체의 공공자전거 대여 시스템은 'Mobike'라고 부르며 간편하게 스마트폰의 어플리케이션을 다운받아 이용할 수 있다. 피렌체 전역에 4,600대의 자전거가 설치되어 있고 24시간 이용가능하다. 사용 15분 전까지 예약이 가능하여 언제든지 원하는 시간대에 자전거 확보가 가능하다는 장점이 있다. 관광객들로 붐비는 버스나 지하철보다는 자전거를 타고 시원한 바람을 가르며 중세 도시를 여행한다면 이 또한 색다른 경험이 될 것이다.

Viaggiatore 로마 테르미니행 다음 기차는 언제 있나요?

Qual è il prossimo treno per la stazione di Roma Termini?

꽐 레 일 쁘로씨모 뜨레노 뻬르 라 스따찌오네 디 로마 떼르미니

Bigliettaio 19시 레오나르도 익스프레스입니다.

È il Leonardo Express delle 19.

에 일 레오나르도 익스프레스 델레 디치안노베

Viaggiatore 레오나르도 익스프레스가 뭔가요? 시간은 얼마나 걸리나요?

Che cos'è il Leonardo Express? Quanto tempo impiega per arrivare?

께 꼬세 일 레오나르도 익스프레스? 꽌또 뗌뽀 임삐에가 뻬르 아리바레

Bigliettaio 레오나르도 익스프레스는 로마 공항과 테르미니역을 오가는 직행 열차입니다. 시간은 30분정도 걸립니다.

Leonardo Express è un treno diretto che va dalla stazione di Roma Termini all'Aeroporto di Roma Fiumicino. Ci impiega una mezz'oretta.

레오나르도 익스프레스 에 운 뜨레노 디레또 께 바 달라 스따찌오네 디 로마 떼르미니 알라에로뽀르또 디 로마 피우미치노. 치 임피에가 우나 메쪼레타

Viaggiatore 좋아요, 그러면 2등석 왕복 티켓 한 장 주세요.

Bene, allora mi dia un biglietto, seconda classe, andata e ritorno.

베네, 알로라 미 디아 운 빌리에또, 세꼰다 끌라쎄, 안다따 에 리또르노

Bigliettaio 28유로 입니다. 지금 3번 플랫폼에서 열차가 출발하려고 하니 서둘러주세요.

Sono 28 euro... ma si affretti perché sta per partire dal binario 3.

소노 벤또또 에우로... 마 시 아프레띠 뻬르께 스따 뻬르 빠르띠레 달 비나리오 뜨레

---

prossimo 쁘로씨모 다음의
treno 뜨레노 기차
stazione 스따찌오네 기차역
quanto tempo ~ 꽌또 뗌뽀 시간이 얼마나 걸리나요
impiegare 임삐에가레 (시간) 걸리다
arrivare 아리바레 도착하다
diretto 디레또 곧장
da 다 ~로부터
si affretti 시 아프레띠 서두르다
(affrettarsi 동사의 존칭명령)
perché 뻬르께 왜냐하면
sta per 스따 뻬르 막 ~하려는 참이다
binario 비나리오 플랫폼

생생 여행 *Tip*

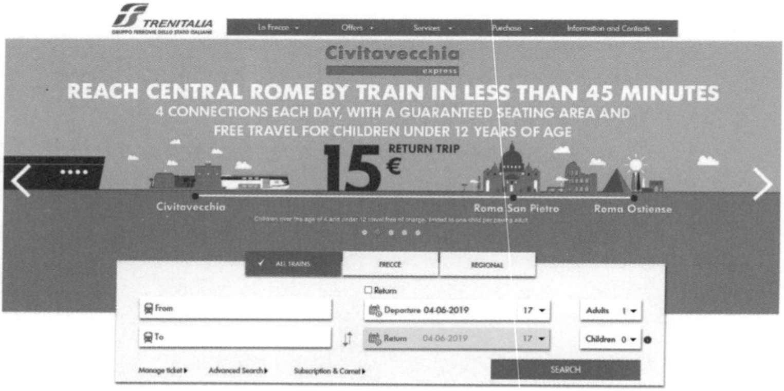

• 기차 이용하기

이탈리아의 기차는 국영인 Trenitalia(트랜이탈리아)와 민영인 Italo(이탈로)가 있다. 가격은 구간에 따라 차이가 있을 수 있다. Regionale(레조날레)는 완행 기차이며 급행열차로는 Frecciabianca(프레치아비앙카), Frecciarossa(프레치아로싸), Frecciargento(프레치아르젠토)가 있다. 이 중 프레치아로싸와 프레치아르젠토는 객실 내에서 무료 와이파이 사용이 가능하고 객실 환경도 쾌적하여 많은 사람들이 선호하는 기차 유형이다.

이탈리아 철도청 홈페이지(https://www.trenitalia.com/)나 어플리케이션 Trenit으로 간편하게 예매할 수 있다. 회원가입을 한다면 다양한 할인 혜택도 받을 수 있다. 보통 90일 전에 티켓이 오픈 되니 미리 서두른다면 매우 저렴한 가격에 이용할 수 있다. 트랜이탈리아의 경우 만 30세 이하 60세 이상 회원에게 주어지는 할인 혜택도 있으니 잘 체크해 보길 바란다.

유용한 회화 표현

2-8.mp3

Dov'è la biglietteria?	매표소가 어디 있나요?
Dove sono le biglietterie automatiche?	티켓 자동발매기가 어디 있나요?
Vorrei un biglietto ridotto per bambini di sola andata.	어린이 편도 티켓 주세요.
A che ora è il prossimo treno per Firenze?	피렌체 행 다음 기차는 몇 시에 있나요?
Quanto costa un biglietto di sola andata per Siena?	시에나 행 편도 티켓은 얼마에요?
A che binario devo andare per Napoli?	나폴리 행 기차를 타려면 몇 번 플랫폼으로 가야하나요?
Questo treno ferma a Lucca?	이 기차는 루카에 정차하나요?
Qual è la prossima fermata?	다음 정거장은 어디인가요?
È libero questo posto?	이 좌석은 비어있나요? (앉아도 될까요?)
Dove cambio per Siena?	시에나로 가려면 어디에서 환승하나요?
Deve cambiare a Empoli.	엠폴리에서 갈아타셔야 합니다.
Posso vedere il Suo biglietto per favore?	티켓을 보여주시겠어요?
Il treno viaggia con ritardo.	기차가 연착되었습니다.
Il treno è stato soppresso.	기차가 캔슬되었습니다.

어휘 플러스

표	biglietto 빌리에또
매표소	biglietteria 빌리에떼리아
왕복	andata e ritorno 안다따 에 리또르노
편도	solo andata 솔로 안다따
한 달 정기권	abbonamento mensile 아보나멘또 멘실레
승객	passegero 빠쎄제로
플랫폼	binario 비나리오
대합실	Sala d'aspetto 살라 다스뻬또
수화물 보관소	Deposito bagagli 데뽀지또 바갈리
분실물	oggetti smarriti 오제띠 스마리띠
좌석	Posto 뽀스또
일등칸	prima classe 쁘리마 끌라쎄
이등칸	seconda classe 세꼰다 끌라쎄
열차 칸	carrozza 까로짜
침대 칸	cuccetta 꾸체따
장애인석	posto riservato a disabili 뽀스또 리세르바또 아 디자빌리
출구	uscita 우쉬따

이탈리아가 궁금해

기차표 읽기

2016년 8월 트랜이탈리아는 레조날레 티켓의 규정을 새롭게 재정비했다. 기존의 유효기간을 2달에서 24시간으로 줄이고 티켓 펀칭 이후의 유효 시간도 6시간에서 4시간으로 단축하는 급진적인 변화를 선언했다. 당일 티켓은 23시 59분이 넘어가기 전에 사용되어야 한다. 일정을 변경하는 경우 최소 1일 전 최초 1회에 한해서 무료로 변경이 가능하며 그 외에는 금액의 20% 해당되는 변경료를 지불하여야 한다. 그래서 레조날레 티켓은 여행 당일 구입하는 것이 손해를 줄이는 방법이다. 규정이 자주 바뀌기 때문에 티켓 정보 읽는 방법을 알아두는 것이 좋다.

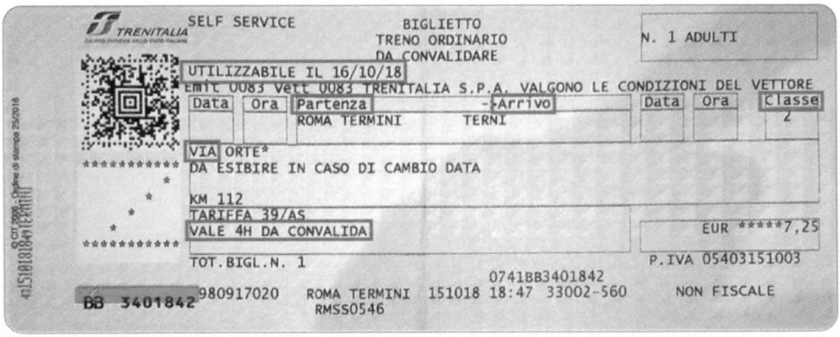

(맨 위에서 부터 차례로)

Utilizzabile il 16/10/18: 2018년 10월 16일 사용가능

Partenza: 출발지 Arrivo: 도착지 Classe: 좌석 등급칸

(자유석이라 좌석 번호는 명시되어 있지 않다)

Via: 경유

Vale 4h da convalida: 펀칭 이후 4시간 동안 유효

3
숙박

호텔 예약

호텔 체크인

불만 제기하기

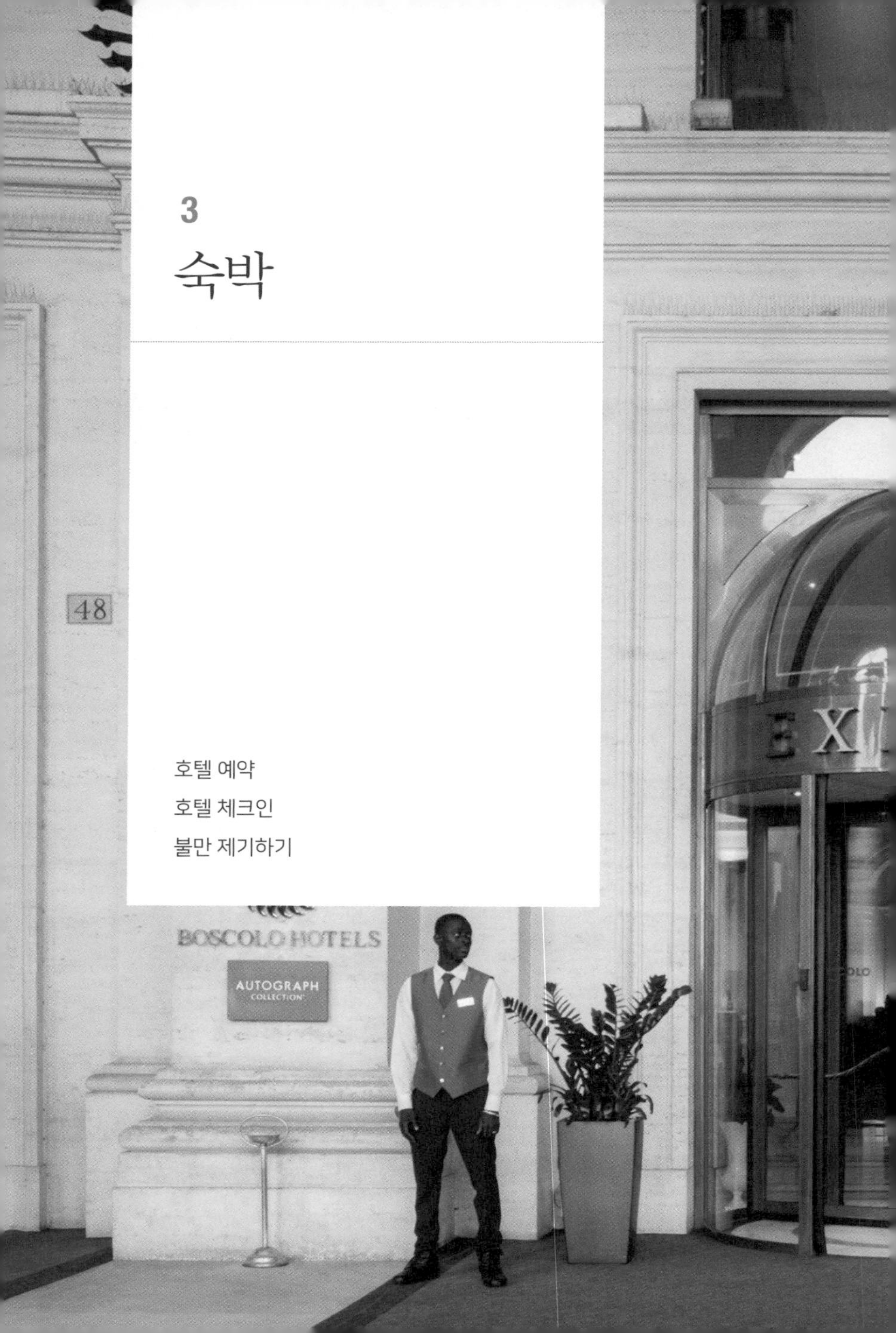

49
RA

Cliente

안녕하세요, 더블 룸을 예약하고 싶어요.

Buongiorno, vorrei prenotare una camera matrimoniale.

부온죠르노, 보레이 쁘레노따레 우나 까메라 마뜨리모니알레

Receptionist

몇 박이세요?

Per quante notti?

뻬르 꽌떼 노띠

Cliente

7월 15일부터 18일까지 3박이요.

Tre, dal 15 al 18 luglio.

뜨레, 달 뀐디치 알 디쵸또 룰리오

Receptionist

어디 볼게요… 빈방이 하나 있네요.

Dunque vediamo... abbiamo una camera disponibile.

둔꿰 베디아모… 아비아모 우나 까메라 디스뽀니빌레

Cliente

아침식사 포함인가요?

La colazione è inclusa?

라 꼴라찌오네 에 인끌루사

Receptionist

네, 포함입니다.

Sì, è inclusa la colazione.

씨, 에 인끌루사 라 꼴라찌오네

Cliente

아주 좋아요.

Perfetto.

뻬르페토

Receptionist 예약하시는 분 성함이 어떻게 되나요?

A che nome faccio la prenotazione?

아 께 노메 파치오 라 쁘레노따찌오네

Cliente 플로리아니입니다.

Floriani.

플로리아니

Receptionist 예약 확약을 위해 신용카드 정보가 필요합니다.

Per confermare la prenotazione abbiamo bisogno dei dati della sua carta di credito.

뻬르 꼰페르마레 라 쁘레노따찌오네 아비아모 비조뇨 데이 다띠 델라 수아 까르따 디 끄레디또

Cliente 네, 알겠습니다.

Sì, va bene.

씨, 바 베네

---

prenotare/prenotazione 쁘레노따레/쁘레노따찌오네 예약하다/예약

camera matrimoniale 까메라 마뜨리모니알레 더블룸

notte 노떼 밤

tre 뜨레 숫자 3

luglio 룰리오 7월

vediamo 베디아모 보다 (vedere 동사의 1인칭 복수)

colazione 꼴라찌오네 아침식사

inclusa 인끌루사 포함된

a che nome 아 께 노메 ~의 이름으로

confermare 꼰뻬르마레 확인하다

avere bisogno di 아베레 비조뇨 디 ~가 필요하다

dati 다띠 정보, 자료

carta di credito 까르따 디 끄레디또 신용카드

gliela 리엘라 (간접, 직접 목적격 대명사의 결합) 당신에게 그것을

생생 여행
Tip

https://www.hotelcavallettovenice.com/location/

• 이탈리아에서 가장 오래된 호텔

이탈리아에서 역사가 가장 오래된 호텔은 베네치아의 'Hotel Cavalletto e Doge Orseolo(호텔 까발레또 에 도제 오르세올로)'이다. 산 마르코 광장 근처에 위치한 이 호텔은 1200년에 지어졌다. 과거 베네치아 공화국의 총독들이 멧돼지 사냥을 하고 돌아오는 길에 쉬어 가려고 묵었던 곳이다. 1800년도에 보수 공사가 이루어졌고 현재는 4성급 호텔로 아오스타 공작과 독일의 작곡가 리하르트 슈트라우스Richard Strauss, 윈스턴 처칠Winston Churchill이 묵었던 곳으로 유명하다. 이에 뒤를 이어 1428년에 문을 연 피사의 'Hotel Royal Vittoria(호텔 로얄 비토리아)'와 1467년 탄생한 로마의 'Albergo del Sole e al Pantheon(알베르고 델 솔레 알 판테온)이 있다.

유용한 회화 표현

3-2.mp3

Può raccomandarmi dei buoni hotel?	좋은 호텔을 추천해주시겠어요?
Avete delle camere libere?	빈 방 있나요?
Quanto dista dal centro città?	시내에서 얼마나 떨어져 있나요?
Per quante notti?	몇 박을 묵으실 건가요?
Che tipo di stanza desidera?	어떤 방을 원하세요?
Vorrei una camera singola/doppia con vista sul mare.	바다 전망의 싱글룸/더블룸을 원해요.
Qual è il prezzo per una notte?	1박에 얼마입니까?
80 euro a notte.	1박에 80유로입니다.
Avete una camera più economica/ grande/silenziosa?	더 저렴한/큰/조용한 방 있나요?
Potrei vedere la stanza?	방을 볼 수 있을까요?
La camera ha l'accesso a internet / l'aria condizionata /la televisione.	방안에 인터넷/에어컨/텔레비전이 있나요?
È consentito avere animali con sé?	반려동물이 허용 되나요?
La prego di svegliarmi domani mattina alle 6:30.	내일 아침 6시30분에 모닝콜 부탁드립니다.

어휘 플러스

싱글룸	camera singola 까메라 싱골라
트윈룸	camera doppia, con letti separati 까메라 도삐아 꼰 레티 세파라티
1박	una notte 우나 노떼
아침식사	colazione 꼴라찌오네
TV	televisione 뗄레비지오네
바다전망	vista sul mare 비스따 술 마레
공동화장실	bagno in comune 바뇨 인 꼬무네
스위트 룸	suite 스위트
수영장	piscina 피쉬나
사우나	sauna 사우나
헬스장	palestra 빨레스뜨라
엘리베이터	ascensore 아쉔소레
빈 방	camere libere 까메레 리베레
빈 방 없음	Completo 꼼플레또
욕조	vasca da bagno 바스까 다 바뇨
샤워시설	doccia 도치아
발코니	balcone 발코네
신용카드	carta di credito 까르따 디 끄레디또

이탈리아가 궁금해

이탈리아의 공휴일

주말 외에도 많은 공휴일이 있다. 역사적 기념일 외에 가톨릭 종교와 관련된 기념일을 공휴일로 지정했다. 건국 기념일에는 박물관이나 미술관 등 관광지를 무료로 개방하기도 한다. 부활절 연휴와 크리스마스 및 새해 연휴기간에는 우리나라의 명절처럼 고향으로 돌아가 온 가족이 함께 모여 식사를 하고 시간을 함께 보낸다. 국가 지정 공휴일 외에도 각 지역별로 수호성인을 위한 기념일이 따로 있다.

1월 1일	새해 capodanno
1월 6일	에피파니아(주의 공현일) Epifania
3월말~4월 중순 (춘분 이후 첫 만월 다음 일요일)	부활절 Pasqua
부활절 다음날	부활절 이후 월요일 Lunedì dell'Angelo
4월 25일	독립기념일 Festa della Liberazione
5월 1일	노동절 Festa del lavoro
6월 2일	건국 기념일 Festa della Repubblica Italiana
8월 15일	성모 승천 대축일 Ferragosto
11월 1일	모든 성일 대축일 Tutti i Santi
12월 8일	원죄 없이 잉태되신 동정 마리아 대축일 Immacolata Concezione
12월 25일	크리스마스 Natale
12월 26일	성 스테파노 축일 Santo Stefano

Cliente

안녕하세요, "플로리아니" 이름으로 예약 했습니다.

Salve, abbiamo una prenotazione a nome "Floriani".

살베, 아비아모 우나 쁘레노따찌오네 아 노메 "플로리아니"

Receptionist

네, 어서오세요! 신분증을 주시겠어요?

Certo, benvenuti! Posso avere un suo documento?

체르또, 벤베누띠! 뽀쏘 아베레 운 수오 도꾸멘또

Cliente

네, 여권 여기 있습니다.

Sì, ecco il mio passaporto.

씨, 에꼬 일 미오 빠싸뽀르또

Receptionist

네, 더블룸 4박을 예약하셨네요?

Benissimo. Avete una camera doppia per 4 notti?

베니씨모. 아베떼 우나 까메라 도삐아 뻬르 꽈뜨로 노띠

Cliente

죄송한데, 1박을 더 연장하고 싶은데… 가능할까요?

Mi scusi, vorremmo prolungare il nostro soggiorno per un'altra notte... sarebbe possibile?

미 스꾸지, 보렘모 쁘로룽가레 일 노스뜨로 소죠르노 뻬르 운알뜨라 노떼... 사렙베 뽀씨빌레

Receptionist

바로 확인해보겠습니다… 네, 가능합니다. 방은 306호이고 1층에 있습니다. 여기 전자키입니다.

Controllo subito... sì, è possibile. La vostra camera è la 306, al primo piano, questa è la chiave elettronica.

꼰뜨롤로 수비또... 씨, 에 뽀씨빌레. 라 보스뜨라 까메라 에 라 뜨레첸또세이, 알 쁘리모 삐아노, 퀘스따 에 라 끼아베 엘레뜨로니까

Cliente

감사합니다.

Grazie.

그라찌에

Receptionist

저희 호텔에서 즐겁게 보내시고 요청사항이 있으시면 9번으로 연결해주시기 바랍니다.

Vi auguro un piacevole soggiorno nel nostro hotel e per qualsiasi esigenza potete contattarmi al numero 9.

비 아우구로 운 삐아체볼레 소죠르노 넬 노스뜨로 호텔 에 뻬르 꽐시아시 에시젠짜 포떼떼 꼰따따르미 알 누메로 노베

---

benvenuti 벤베누띠 어서오세요
documento 도꾸멘또 문서, 서류
prolungare 쁘로룽가레 연장하다
soggiorno 소죠르노 체류
sarebbe 사렙베 (essere 동사의 조건법 3인칭 단수)
controllo 꼰뜨롤로 확인하다
subito 수비또 즉시, 바로
primo 쁘리모 첫 번째
piano 삐아노 층
chiave 끼아베 열쇠
piacevole 삐아체볼레 즐거운
esigenza 에시젠짜 요구
contattare 꼰따따레 연락하다

생생 여행
Tip

• 도시세 (Tassa di soggiorno)

캐나다 앨버타주는 호텔 요금에 별도로 관광세를 부과하고 미국 하와이에서는 숙박세, 몰디브에서는 환경세를 부과한다. 이처럼 이름은 다르지만 성격이 비슷한 세금이 이탈리아에도 '도시세' 혹은 '숙박세'라는 이름으로 존재한다. 이탈리아를 포함한 일부 유럽의 도시에서는 숙박 시설을 이용하는 관광객들에게 세금을 부과하여 그 지역의 관광 인프라를 관리하고 유지하는데 사용한다.

도시세는 온라인으로 호텔 예약 시에 자세히 보지 않으면 간과하고 넘어가기 일쑤이다. 예약 시에 선결제가 불가능해 도착 시 숙박 기간에 따라 지불해야 하기 때문에 도시세의 존재를 모르고 있었다면 적잖이 당황스러울 것이다. 유럽 여러 나라 중에서도 이탈리아의 도시세가 가장 높다고 알려져 있다. 이탈리아 내에서도 도시별, 숙박의 형태나 등급별로 요금 체계가 다르다. (1인 1박 요금이 기준이다)

로마의 경우, 호텔(최대 10박까지 부과), 1박에 5성급 7€, 4성급 6€, 3성급 4€, 1-2성급 3€
에어비앤비(최대 10박까지 부과) 1박에 3,5€
농가민박 1박에 4€ (최대 10박까지 부과)
5성급 호텔에서 1인이 5박을 묵었다면 35€ 의 도시세를 지불해야 한다.

유용한 회화 표현

3-4.mp3

Ho una prenotazione a nome "Choi".	"최" 이름으로 예약했습니다.
Ho prenotato una camera doppia con letti separati.	트윈룸을 예약했습니다.
Posso vedere il passaporto?	여권을 보여주시겠어요?
Vuole la sveglia in camera?	모닝콜을 원하세요?
A che ora è la colazione?	아침식사는 몇 시에 하나요?
La colazione è dalle 7 alle 10 del mattino.	아침식사는 오전 7시부터 10시까지 입니다.
Posso avere la mia colazione in camera, per favore?	룸으로 아침식사를 요청해도 될까요?
A che ora apre il ristorante per la cena?	레스토랑은 저녁 몇 시에 문을 엽니까?
La cena è servita tra le 6 e le 9.30 di sera.	저녁식사는 18시부터 21시30분까지입니다.
La sua camera è al quinto piano.	당신의 방은 5층에 있습니다.
Dove sono gli ascensori?	엘리베이터는 어디에 있나요?
Buona permanenza!	즐거운 시간 보내세요!

어휘 플러스

싱글룸	camera singola 까메라 싱골라
더블룸	camera doppia 까메라 도삐아
알람, 모닝콜	sveglia 스벨리아
체류	permanenza 뻬르마넨짜
인터넷접속	accesso a internet 아체쏘 아 인떼르넷
더 저렴한	più economico 삐우 에꼬노미코
더 큰	più grande 삐우 그란데
더 조용한	più silenzioso 삐우 실렌찌오소
할인	sconto 스꼰또
세탁실	lavanderia 라반데리아
도시세	tassa di soggiorno 따싸 디 소죠르노
지상층	piano terra 삐아노 떼라
1층	primo piano 쁘리모 삐아노
주차장	parcheggio 빠르께죠
여분 침대	letto extra 레또 엑스트라
셔틀버스 서비스	servizio navetta 세르비찌오 나베따
컨퍼런스 룸	sala conferenza 살라 꼰페렌짜
금고	cassaforte 까싸포르떼
24시 룸서비스	servizio in camera 24 ore su 24 세르비찌오 인 까메라 벤띠꽈뜨로 오레 수 벤띠꽈뜨로
아이돌보미 서비스	servizio baby-sitter 세르비찌오 베이비시터

이탈리아가 궁금해

베키오 다리 (Ponte Vecchio)

피렌체의 아르노 강 위에 세워진 다리 중 가장 오래된 다리로 피렌체의 찬란한 역사를 가장 잘 상징하고 있는 건조물이다. 1345년 네리 디 피오라반테Neri di Fioravante와 타데오 갓디Taddeo Gaddi에 의해 건설되었다. 로마시대에 존재하던 다리가 대홍수로 인해 훼손된 후 여러 번 보수 작업을 거쳐 1345년에 건설됐을 당시의 모습을 유지하고 있다. 베키오 다리는 베키오 궁과 피티 궁을 연결하는 바사리 회랑의 일부이다. 베키오 다리는 2차 세계대전 중 독일의 폭격에도 거의 피해를 입지 않고 온전한 상태를 유지했다는 유명한 일화가 있다. 과거에 베키오 다리 위에는 수공예 상점과 대장간, 푸줏간이 들어서 있었으나 오늘날에는 귀금속 상인들이 그 자리를 차지하고 있다. 베키오 다리는 단테와 베아트리체의 운명적 만남이 이루어진 곳으로 유명하기도 해 영원한 사랑을 염원하는 연인들이 자주 찾아오는 낭만적인 장소이다. 무엇보다 기나긴 역사의 무게를 견뎌낸 베키오 다리 위에서 바라보는 석양은 황홀함 그 자체이다.

Albergatore

플로리아니 씨. 무엇을 도와드릴까요?

Signor Floriani. Posso esserle utile?

시뇨르 플로리아니. 뽀쏘 에세를레 우띨레

Cliente

방이 도로쪽에 있어서 시끄럽네요. 더 조용한 방은 없나요?

La camera che mi avete assegnato è rumorosa per via della strada. Ha delle camere più silenziose?

라 까메라 께 미 아베떼 아세냐또 에 루모로사 뻬르 비아 델라 스뜨라다. 아 델레 까메레 삐우 실렌찌오세

Albergatore

죄송합니다만 유감스럽게도 오늘 저녁은 만실입니다. 내일 안뜰 전망의 방 하나가 빕니다.

Mi dispiace, ma purtroppo stasera sono tutte occupate. Però domani se ne libera una con vista sul cortile interno.

미 디스삐아체, 마 뿌르뜨로뽀 스따세라 소노 뚜떼 오꾸빠떼. 뻬로 도마니 세 네 리베라 우나 꼰 비스따 술 꼬르띨레 인떼르노

Cliente

좋아요, 내일까지 기다릴게요. 그런데 문제가 하나 더 있어요. 인터넷이 계속해서 끊기네요.

Va bene, aspettiamo fino a domani. Ma c'è un altro problema. La connessione internet cade in continuazione.

바 베네, 아스뻬띠아모 피노 아 도마니. 마 체 운 알뜨로 쁘로블레마. 라 꼰네씨오네 인떼르넷 까데 인 꼰띠누아찌오네

Albergatore 정말 죄송합니다. 즉시 수리기사를 부르겠습니다.

Mi scusi tanto, avviserò immediatamente i nostri tecnici.

미 시꾸지 딴또, 아비세로 임메디아따멘떼 이 노스뜨리 떼끄니치

Cliente 알겠습니다. 감사합니다.

Ottimo. Grazie tante.

오띠모. 그라찌에 딴떼

Albergatore 불편을 드려서 죄송합니다.

Mi dispiace per il disagio.

미 디스삐아체 뻬르 일 디사죠

---

utile 우띨레 유용한
assegnare 아세냐레 배정하다. 임명하다.
rumorosa 루모로사 시끄러운
per via di 뻬르 비아 디 ~ 때문에
silenziose 실렌찌오세 조용한
purtroppo 뿌르뜨로뽀 불행히도
con vista su 꼰 비스따 수 ~ 전망의
cortile 꼬르띨레 안뜰
interno 인떼르노 내부의
problema 쁘로블레마 문제
cade 까데 떨어지다 (cadere 동사의 3인칭 단수)
ottimo 오띠모 'buono 좋은'의 최상급
disagio 디사죠 불편

생생 여행
Tip

• 유용한 전화번호

이탈리아에서도 휴대폰 번호나 긴급 번호를 제외한 유선번호로 전화를 걸 경우 지역번호를 눌러야 한다. 예를 들어 로마의 지역번호는 06, 밀라노는 02, 나폴리는 081이다.
관광객들은 여행을 하면서 크고 작은 비상사태에 직면할 수가 있다. 그럴 때는 당황하지 말고 긴급 번호로 연락을 취해 도움을 받도록 해야 한다. 이탈리아에는 긴급한 재난이나 범죄 신고부터 각종 생활 불편 민원까지 긴급 신고 전화 한 통으로 편리하게 도움을 받을 수 있다.

이탈리아의 긴급 번호로는 다음과 같은 것들이 있다.

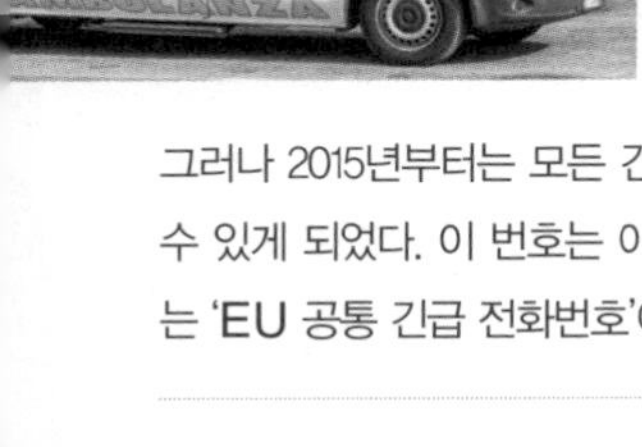

112 - 군사 경찰 (국방부 소속이지만 경찰과 같이 공공질서를 유지하는 임무를 수행한다)
113 - 경찰서
115 - 소방서
118 - 응급의료(구급차)
1530 - 해양구조

그러나 2015년부터는 모든 긴급 전화번호가 112로 통합되어 보다 편리하게 도움을 요청할 수 있게 되었다. 이 번호는 이탈리아뿐만 아니라 유럽 연합 국가 어디에서나 사용할 수 있는 'EU 공통 긴급 전화번호'이니 꼭 기억해두는 것이 좋다.

유용한 회화 표현

3-6.mp3

Potete svegliarmi alle 7 del mattino?	오전 7시에 모닝콜을 해주시겠어요?
Dove si fa colazione?	아침식사는 어디에서 하나요?
C'è un servizio di lavanderia?	세탁 서비스가 있나요?
A che ora devo fare il check-out?	몇시에 체크아웃을 해야하나요?
È possible fare il check-out più tardi?	체크아웃을 조금 늦게 해도 될까요?
La chiave non funziona.	열쇠가 작동이 되지 않아요.
Non c'è acqua calda.	온수가 나오지 않아요.
La camera è troppo fredda/rumorosa.	방이 너무 추워요/시끄러워요.
Non fuziona il riscaldamento/la doccia.	라디에이터/샤워기가 작동하지 않아요.
Una delle luci non funziona.	전등 하나가 작동하지 않아요.
Non c'è carta igienica/sapone.	휴지/비누가 없어요.
Posso avere un asciugamano per favore?	수건을 주시겠어요?
Potreste cambiarmi la lenzuola per favore?	침대시트를 바꿔주시겠어요?
Ho perso la chiave della mia stanza.	제 방 열쇠를 잃어버렸어요.

어휘 플러스

따뜻한, 더운	caldo 깔도
추운, 차가운	freddo 프렛도
시끄러운	rumoroso 루모로소
라디에이터	riscaldamento 리스깔다멘또
샤워기	doccia 도치아
TV	televisione 텔레비지오네
화장지	carta igienica 까르따 이지에니까
비누	sapone 사뽀네
드라이기	asciugacapelli 아슈가까뻴리
세면대	lavandino 라반디노
샤워 가운	accappatoio 아까빠또이오
미니바	frigobar 프리고바르
엘리베이터	ascensore 아쉔소레
팁	mancia 만챠
호텔 관리인	portiere 뽀르띠에레
작동하다	funzionare 푼찌오나레
고장난	rotto 로또
방해하지 마세요.	Non disturbare. 논 디스뚜르바레
방 청소해주세요.	Rifate la camera per favore. 리파떼 라 까메라 뻬르 파보레
엘리베이터 고장	Ascensore fuori servizio 아쉔소레 뿌오리 세르비찌오

이탈리아가 궁금해

이탈리아 축구 열정

유럽의 축구 강국답게 이탈리아인들의 축구 열정은 대단하다. 이탈리아 세리에 A나 유럽챔피언스리그 시즌이 되면 이탈리아 사람들은 만사를 제체 두고 중계가 한창인 TV앞에 모여든다. 그러나 이탈리아에서 축구는 단순한 취미나 관람의 의미를 넘어선다. 이탈리아는 근대에 이르기까지 수많은 도시국가로 나뉘어 독립적인 자치권을 행사했다. 이탈리아의 축구 경기장이 어느 곳보다 지역감정이나 민족주의가 강한 곳일 수밖에 없다. 과거에는 경기장의 뜨거운 열기가 폭력 사태로 이어지기도 했다. 하지만 누가 뭐래도 축구는 이탈리아인들에게는 자랑스러운 전통이자 나라의 특성을 규정짓는 가장 핵심적인 문화이다. 이탈리아인들은 어렸을 때부터 자연스럽게 축구와 접촉하고 그 속에서 협동과 경쟁을 배운다. 축구 팬들이 많은 관심과 애정을 보내는 만큼 축 구 구단들도 경기 외에도 구단의 역사를 담은 박물관이나 전시회를 개최해 뜻깊은 볼거리를 제공한다. 이탈리아에서 축구를 직관하는 것만큼 이탈리아인들의 열정을 느낄 수 있는 곳도 없다.

4

주거

집 찾기

수리기사 부르기

Cliente

안녕하세요. 월세 아파트를 찾고 있어요.

Salve. Sto cercando un appartamento in affitto.

살베. 스또 체르깐도 운 아빠르따멘또 인 아피또

Agente immobiliare

어떤 아파트를 원하세요?

Come lo desidera?

꼬메 로 데지데라

Cliente

시내에 있는 방 두 개 짜리 아파트요. 저와 제 남편, 아이, 세 식구거든요.

In centro, con due camere da letto perché siamo in tre: io, mio marito e un bambino.

인 첸뜨로, 꼰 두에 까메레 다 레또 뻬르께 시아모 인 뜨레: 이오, 미오 마리또 에 운 밤비노

Agente immobiliare

엘리베이터가 있는 건물 2층에 80평방미터 크기의 아파트가 있어요.
부엌, 거실, 침실 두개, 욕조 딸린 욕실, 다락방과 차고가 있어요.

C'è un appartamento di 80 metri quadrati al secondo piano con ascensore. È composto da una cucina, un soggiorno, due camere da letto, un bagno con vasca, anche la mansarda e il garage.

체 운 아빠르따멘또 디 오딴따 메뜨리 꽈드라띠 알 세꼰도 삐아노 꼰 아쉔소레. 에 꼼뽀스또 다 우나 꾸치나, 운 소죠르노, 두에 까메레 다 레또, 운 바뇨 꼰 바스까, 앙께 라 만사르다 에 일 가라제

Cliente

월세가 얼마인가요?

Quanto viene al mese?

꽌또 비에네 알 메제

Agente immobiliare

관리비 제외하고 700유로에요.

700 euro, escluse le spese di condominio.

세떼 첸또 에우로, 에스끌루세 레 스뻬제 디 꼰도미니오

Cliente

괜찮은 가격 같네요. 그 집으로 할게요.

Mi sembra un buon prezzo. Lo prendo.

미 셈브라 운 부온 쁘레쪼. 로 쁘렌도

Agente immobiliare

그러면 다음 주 월요일에 오셔서 계약서 작성하기로 해요.

Allora venga lunedì prossimo per firmare il contratto.

알로라 벵가 루네디 쁘로씨모 뻬르 피르마레 일 꼰뜨라또

---

salve 살베 안녕하세요
cercando 체르깐도 찾다 (cercare 동사의 진행형)
appartamento 아빠르따멘또 아파트
in affitto 인 아피또 월세
in centro 인 첸뜨로 시내에
metro quadrato 메뜨로 꽈드라또 평방미터
secondo 세꼰도 두번째
ascensore 아쉔소레 엘리베이터
è composto da 에 꼼뽀스또 다 ~로 구성되어 있다
cucina 꾸치나 부엌
soggiorno 소죠르노 거실
vasca 바스까 욕조
mansarda 만사르다 다락방
condominio 꼰도미니오 관리비
sembrare 셈브라레 ~인 것 같다
prossimo 쁘로씨모 다음의
firmare 피르마레 서명하다
contratto 꼰뜨라또 계약서

• 집 광고 읽기

집 광고는 대부분 비슷한 형식이기 때문에 몇몇 용어만 익혀 두면 원하는 집의 정보를 쉽게 파악할 수 있다. 이탈리아에는 우리나라의 전세라는 개념이 없고 월세 아니면 매매이다. 이탈리아의 월세 광고는 Affittasi이고, 매매 광고는 Vendesi로 구분된다. 다음은 휴가철에 자주 볼 수 있는 단기 임대 광고이다.

(위에서 부터 차례로)

지상층에 위치한 휴가철 단기임대 집으로 가구가 구비되어 있다. 주방 겸용 거실에는 소파가 있다.

- 침실 두 개
- 샤워 부스 갖춘 욕실
- 식사가 가능한 베란다 두 개
- 공간 3개로 분리
- 침대 수
- 그 외에 에어컨, 세탁기, 냉장고, 부엌 도구, 자전거 두 대, 침구는 요청에 따라 지급. 반려동물 허용 안 됨.

유용한 회화 표현

4-2.mp3

Che tipo di alloggio sta cercando?	어떤 종류의 숙소를 찾으세요?
Vorrei un appartamento con una camera da letto.	침실이 하나인 아파트를 찾아요.
Vuole acquistare o affittare?	매매를 원하시나요? 월세를 원하시나요?
A che zona sta pensando?	어떤 지역을 생각하고 있으세요?
Qualcosa non molto lontano dal centro.	시내에서 그리 멀지 않은 집이요.
A quale fascia di prezzo sta pensando?	어느 정도의 가격대를 생각하고 계세요?
Sta cercando un alloggio ammobiliato?	가구가 비치된 집을 원하세요?
Quant'è l'affitto?	월세가 얼마인가요?
Il prezzo è trattabile?	금액은 협의 가능한가요?
L'affitto si paga mensilmente, in anticipo.	월세는 매달 선불입니다.
C'è una scuola elementare nelle vicinanze?	근처에 초등학교가 있나요?
A che piano è?	몇 층인가요?
Vorrei dare un'occhiata a questa proprietà.	이 집을 둘러보고 싶어요.

어휘 플러스

부동산	agenzia immobiliare 아젠찌아 임모빌리아레
월세계약서	contratto d'affitto 꼰뜨라또 다피또
아파트	appartamento 아빠르따멘또
두 세대 주택	casa bifamiliare 까사 비파밀리아레
원룸	monolocale 모노로깔레
투룸	bilocale 빌로깔레
보증금	deposito/caparra 데뽀지또/까빠라
관리비	condominio 꼰도미니오
공과금	bolletta 볼레따
전기	elettricità 엘레뜨리치따
정원	giardino 쟈르디노
차고	garage 가라제
주차장	posto auto 뽀스또 아우또
욕실	bagno 바뇨
방	camera 까메라
침실	camera da letto 까메라 다 레또
소파	divano 디바노
옷장	armadio 아르마디오
이사하다	traslocare/trasferire 뜨라슬로까레/뜨라스페리레
가구를 놓다	arredare 아레다레

이탈리아가 궁금해

발코니가 뒤집힌 집

피렌체의 산타 마리아 마조레성당(La Basilica di Santa Maria Maggiore) 근처의 온니산티 골목(Borgo Ognissanti)을 걷다보면 유독 눈에 띄는 건물이 있다. 주변의 다른 건물들과는 달리 거대한 발코니가 시선을 사로잡는다. 건물의 주인이었던 베스푸치(Vespucci)와 당시 피렌체의 통치자였던 알레산드로 데 메디치(Cosimo de' Medici) 간에 생긴 재미난 오해로 인해 이처럼 독특한 발코니가 탄생하게 되었다. 1530년 알레산드로 데 메디치는 도시의 좁은 골목길의 경관을 고려해 거추장스러운 장식을 배제하고 화려한 건축물의 축조를 금하는 명령을 내렸다. 그러나 화려하고 웅장한 발코니를 만들고자 했던 베스푸치는 알레산드로 데 메디치를 매일 찾아가 발코니 부착을 허락해 줄 것을 애원했다. 끈질긴 요청에 알레산드로 데 메디치는 편지에 "Sì, alla rovescia('예'의 반대) 라고 돌려서 거절을 했고, 이를 반대로 짓는 것을 허락한다는 뜻으로 잘못 이해한 베스푸치는 건축 부속품을 거꾸로 뒤집어 부착한 특이한 발코니를 만들었다. 현재는 토스카나 전통 건축 양식을 벗어난 독특한 건축물로 주목을 받고 있다.

Centro Assistenza

프론토프로 고객센터 입니다. 무엇을 도와드릴까요?

Centro Assistenza ProntoPro. Desidera?

첸뜨로 아씨스뗀차 쁘론또쁘로. 데지데라

Cliente

저희 집 보일러가 작동을 안해요. 여러 번 껐다 켰다 해봤지만 소용없었어요.

La caldaia di casa mia non funziona. Ho cercato più volte di accenderla, ma inutilmente.

라 깔다이아 디 까사 미아 논 푼치오나. 오 체르까또 삐우 볼떼 디 아첸데를라, 마 이누띨멘떼

Centro Assistenza

누수가 있나요?

Perde acqua?

뻬르데 아쿠아

Cliente

그런 것 같지는 않아요.

Mi sembra di no.

미 셈브라 디 노

Centro Assistenza

점화밸브는 확인하셨어요?

Ha controllato la valvola di accensione?

아 꼰뜨롤라또 라 발볼라 디 아첸시오네

Cliente

아니요. 확인 안 해봤네요. 수리기사를 보내주시겠어요?

No. Non l'ho controllata. Potrebbe mandarmi un tecnico?

노. 논 로 꼰뜨롤라따. 뽀뜨렙베 만다르미 운 떼끄니꼬

Centro Assistenza

물론이죠. 오늘 오후 14시에서 18시 사이에 괜찮으세요?

Certo. Questo pomeriggio tra le 14 e le 18, va bene?

체르또. 퀘스또 뽀메리쬬 뜨라 레 꽈뜨르디치 에 레 디쵸또, 바 베네

Cliente

아주 좋아요.

Perfetto.

뻬르페토

---

caldaia 깔다이아 보일러
funzionare 푼지오나레 작동하다
ho cercato di 오 체르까또 디 ~을 애썼다
accendere 아첸데레 켜다
inutilmente 이누띨멘떼 쓸모없이
perde 뻬르데 잃다(perdere 동사의 3인칭 단수)
sembra di no 셈브라 디 노 아닌 것 같다
valvola 발볼라 밸브
mandare 만다레 보내다
pomeriggio 뽀메리쬬 오후
tra e 뜨라 에 …와 … 사이

• 이탈리아의 공과금

이탈리아의 공과금은 우리나라처럼 매달 나오는 것이 아니라 두 달이나 세 달에 걸쳐 한꺼번에 청구되는 방식이다. 수도, 가스, 전기, 인터넷, TV 수신료, 오물쓰레기의 공과금이 존재하며 각 공급체로 사용량이 계산되어 청구서가 발행된다. 대부분의 서비스에는 별도의 개통비가 요구된다. 납부 방법은 지로, 신용카드, 인터넷 뱅킹 등 다양한 방법이 있고 납부 건당 1,50에서 2€의 수수료가 붙는다. 또한, 정해진 납입 기한을 넘기면 연체수수료가 붙는다.

이탈리아의 공과금은 비싼 편이라 고지서 관련 분쟁이 많이 일어난다. 서비스 운영 방식이 낙후되어 있거나 주먹구구식일 경우가 많아서 소비자 입장에서 문제를 제기해도 해결이 힘들다. 그럴 경우 소비자 분쟁 대행업체를 이용하는 방법이 있다. 그러나 센터와 상담을 원할 경우 50~100€의 연회비를 납부하여야 한다. 대표적인 기관으로 'Unione Nazionale Consumatori(소비자연맹)'이 있으며 관련 분쟁의 성격에 따라 법률 전문가의 개입도 이루어진다.

UNC
CONSUMATORI.IT

유용한 회화 표현

4-4.mp3

Sa dove posso far riparare la televisione?	어디에서 텔레비전을 고칠 수 있는지 아세요?
Lo schermo è rotto.	화면이 깨졌어요.
Il mio orologio si è fermato.	제 시계가 멈췄어요.
C'è qualcosa che non va con questa radio.	라디오에 뭔가 문제가 생겼어요.
Riparate computer?	컴퓨터 수리 하나요?
Quanto verrà a costare?	비용이 얼마나 나올까요?
Quando sarà pronto?	언제 수리가 완료 될까요?
Lo posso riparare subito.	지금 바로 고칠 수 있습니다.
Sarà pronto per domani.	내일 완료됩니다.
Sarà pronto la settimana prossima.	다음 주면 수리됩니다.
Non potrò farlo almeno per due settimane.	적어도 2주는 걸릴겁니다.
Penso che ci voglia una nuova batteria.	새 배터리가 필요할 것 같군요.
Sono venuto a prendere il mio orologio.	시계를 찾으러 왔어요.
Ha controllato la valvola?	밸브는 확인해 보셨나요?
È in grado di ripararlo?	수리가 가능할까요?

어휘
플러스

전화	telefono 뗄레포노
시계	orologio 오롤로죠
사진기	macchina fotografica 마끼나 포토그라피카
라디오	radio 라디오
컴퓨터	computer 꼼푸떼르
라디에이터	termosifone 떼르모시포네
세면대	lavandino 라반디노
냉장고	frigorifero 프리고리페로
세탁기	lavatrice 라바뜨리체
보일러	caldaia 깔다이아
수도꼭지	rubinetto dell'acqua 루비네토 델라쿠아
콘센트	presa di corrente 프레사 디 꼬렌떼
배관공	idraulico 이드라울리꼬
전기기사	elettricista 엘레뜨리치스따
벽돌공	muratore 무라또레
가스밸브	rubinetto del gas 루비네또 델 가스
계량기	contatore 꼰따또레

이탈리아가 궁금해

이탈리아의 건물층수

이탈리아에서 건물의 층수를 셀 때는 0층부터 시작한다는 것을 유의해야 한다. 우리나라 식으로 1층은 이탈리아에서 0층에 해당된다. 0층을 이탈리아인들은 지면과 같은 층이라 하여 'il piano terra(일 삐아노 떼라)'라고 부른다. 고층 건물의 엘리베이터에서도 층을 누르는 버튼이 0으로 시작된다. 이탈리아에서 1층(우리나라 식으로 2층)은 "il primo piano(일 쁘리모 삐아노)"라고 하는데 "il primo"라는 말 그대로 이탈리아인들의 생활공간에서 가장 중심이 되기 때문이다.

il terzo piano	3층
il secondo piano	2층
il primo piano	1층
il piano terra	0층

층수를 표현 할 때는 서수 (primo-secondo-terzo-quarto-quinto...)를 이용한다.

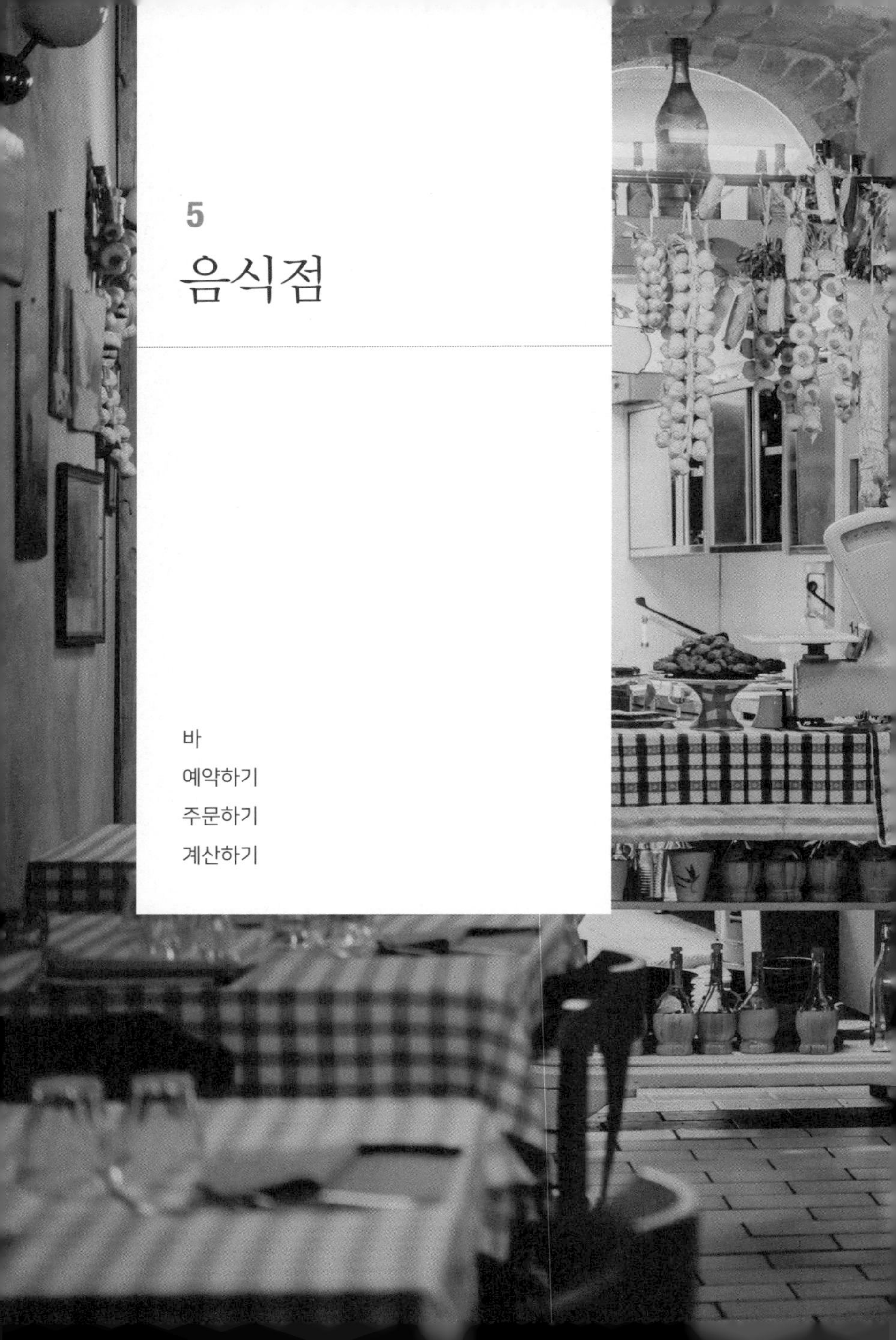

5

음식점

바

예약하기

주문하기

계산하기

Cameriera

안녕하세요. 어떤 걸 드시겠어요?

Buongiorno. Desidera?

부온죠르노. 데지데라?

Cliente

카푸치노 한 잔과… 크림 크로와상 있나요?

Un cappuccino e... ci sono i cornetti alla crema?

운 카푸치노 에… 치 소노 이 꼬르네띠 알라 끄레마

Cameriera

아니요, 미안하지만, 다 팔렸어요.

No, mi spiace, li abbiamo finiti.

노, 미 스삐아체, 리 아비아모 피니띠

Cliente

안타깝네요! 제가 크림 크로와상을 젤 좋아하거든요. 그러면 다른 빵은 뭐가 있나요?

Peccato! Sono i miei preferiti. Allora, che paste avete?

빼까또! 소노 이 미에이 쁘레페리띠. 알로라, 께 빠스떼 아베떼

Cameriera

아무것도 들지 않은 것과 초콜릿과 블랙베리 잼이 들어 있는 크로와상이 있어요. 그리고 도넛도 있어요.

Abbiamo i cornetti: quelli vuoti, quelli alla cioccolata e quelli con la marmellata di more. E poi ci sono le ciambelle.

아비아모 이 꼬르네띠: 퀠리 부오띠, 퀠리 알라 쵸콜라따 에 퀠리 꼰 라 마르멜라따 디 모레. 에 포이 치 소노 레 챰벨레

Cliente

음… 초콜릿 크로와상으로 할게요, 고맙습니다.

Uhm... ne prendo uno alla cioccolata, grazie.

음… 네 쁘렌도 우노 알라 쵸콜라타, 그라찌에

Cameriera

여기 있습니다. 바로 커피 만들어 드릴게요.

Ecco a Lei. Le faccio subito il caffè.

에꼬 아 레이. 레 파쵸 수비또 일 까페

Cliente

얼마인가요?

Quant'è?

꽌떼

Cameriera

2유로 10센트 입니다.

Sono 2 euro e 10.

소노 두에 에우로 에 디에치

---

cappuccino 카푸치노 카푸치노
cornetto 꼬르네또 크로와상
crema 끄레마 크림
finire 피니레 끝내다
preferito 쁘레페리또 선호하는 것
pasta 빠스따 패스츄리
vuoto 부오또 빈
cioccolata 쵸콜라따 초콜릿
marmellata 마르멜라따 잼
caffè 까페 커피
euro 에우로 유로

생생 여행
Tip

• 이탈리아의 아침식사

이탈리아에서 아침식사는 모든 이탈리아인들의 생활에서 중요한 부분을 차지한다. 아침식사를 집에서도 할 수 있지만 바에서 하는 경우도 많다. 출근이나 등교하기 전 바에 들려서 아침식사를 하는 것은 소박한 의식이라고 해도 될 정도이다. 이탈리아 인들이 가장 많이 찾는 전형적인 아침메뉴는 코르네토(cornetto)와 카푸치노(cappuccino)이다. 코르네토는 크로와상의 이탈리아식 표현이고 크림이나 초콜릿, 각종 잼이 들어있어 커피와 잘 어울린다.

아침 식사 메뉴는 지역별로 차이가 나타나기도 한다. 피에몬테 지역에서는 달걀노른자와 설탕, 마르살라 와인을 넣어 만든 자바이오네(zabaione), 베네토에서는 사과나 달걀 스트루델(strudel)를 즐겨 먹고 리구리아에서는 포카차(focaccia)와 차, 로마에서는 크림이 들어간 마리오조(maritozzo), 사르데냐에서는 페코리노 치즈를 넣은 크레프를 먹는다.

자바이오네

스트루델

포카차

마리오조

유용한 회화 표현

5-2.mp3

Ti va un caffè?	커피 마실래?
Ti offro un caffè.	커피 한 잔 살게.
Vuole un cappuccino?	카푸치노 드시겠어요?
Vuoi qualcosa da bere/ mangiare?	뭐 마실래/먹을래?
Ora non posso, magari un'altra volta.	지금 말고 다음번에 마셔요.
Prendo un panino al prosciutto, grazie.	프로슈토 파니니를 먹을게요.
Cosa prendi?	어떤거 마실거야?
Prendo un bicchiere di vino bianco/rosso.	화이트/레드 와인 한잔 마실게요.
Prendo una birra alla spina.	생맥주 한잔 마실게요.
Un'altra birra, per favore.	맥주 한 잔 더 주세요.
Ci vuole del ghiaccio insieme?	얼음도 넣어드릴까요?
Niente ghiaccio, per favore.	얼음은 넣지 말아주세요.
In questo bar i panini sono davvero buoni!	이 바의 파니니는 정말 맛있어!
Avete l'accesso a internet qui?	이곳에 인터넷이 있나요?
Qual è la password per internet?	인터넷 접속 패스워드가 뭐에요?

어휘 플러스

차	tè 떼
레몬차	tè al limone 떼 알 리모네
에스프레소	caffè espresso 까페 에스프레소
카페 마끼아또	caffè macchiato 까페 마끼아또
디카페인 커피	caffè decaffeinato 까페 데까페이나또
요거트	yogurt 요구르트
핫초코	cioccolata calda 쵸콜라따 깔다
과일 주스	succo di frutta 수꼬 디 프루따
오렌지 생과일주스	spremuta d'arancia 스쁘레무따 다란챠
생수	acqua naturale 아쿠아 나뚜랄레
탄산수	acqua gassata/frizzante 아쿠아 가싸따/프리짠떼
파니니	panini 빠니니
티라미수	tiramisù 띠라미수
브리오쉬	brioche 브리오쉬
케이크	torta 또르따
맥주	birra 비라
샌드위치	tramezzini 뜨라메찌니
아이스크림	gelato 젤라또

이탈리아가 궁금해

모카 포트

이탈리아인들은 보통 바에서 커피를 마시기도 하지만 집에서도 모카 포트를 이용해 커피를 마신다. 모카 포트는 사진에서 보는 바와 같이 모래시계의 형태를 띠고 있다. 모카 포트는 1930년대에 발명되었으며 그 이름은 15~16세기 유럽으로 질 좋기로 유명한 커피를 수출했던 예멘의 어느 도시 명에서 따왔다고 한다. 시중에는 다양한 디자인의 모카가 있지만 기본 원리는 모두 동일하다. 아래 부분에서 물이 끓으면서 2기압의 증기압이 발생되고 이것이 그라인드 된 커피를 통과한 다음 윗부분의 필터를 통해 액상으로 추출되는 것이다. 가스 불에 올려놓은 모카 포트에서 부글부글 소리가 나기 시작하면 즉시 불을 끄고 필터에서 액체가 다 빠져 나오기를 기다렸다가 스푼으로 한 번 저은 다음 잔에 따라 마신다. 사용한 모카 포트는 몸통을 분리해서 세제를 사용하지 않고 흐르는 물만을 사용해서 세척해야 오래 사용할 수 있다.

Cameriere
안녕하세요, 트라토리아 일 콘타디노 입니다. 무엇을 도와드릴까요?

Buongiorno, Trattoria Il Contadino. In che cosa posso esserle utile?

부온죠르노, 뜨라또리아 일 꼰따디노. 인 께 꼬사 뽀쏘 에세를레 우띨레

Cliente
안녕하세요, 두 사람인데 예약을 하고 싶어요.

Buongiorno, vorrei prenotare un tavolo per due persone.

부온죠르노, 보레이 쁘레노따레 운 따볼로 뻬르 두에 뻬르소네

Cameriere
언제 말씀이세요?

Per quando?

뻬르 꽌도

Cliente
내일 저녁 8시쯤에요.

Per domani sera, verso le 20.

뻬르 도마니 세라, 베르소 레 벤띠

Cameriere
저녁 8시 30분에 예약 가능한 자리가 있어요. 괜찮으세요?

Abbiamo un tavolo disponibile per le 20:30. Va bene lo stesso?

아비아모 운 따볼로 디스뽀니빌레 뻬르 레 벤띠 에 뜨렌따. 바 베네 로 스떼쏘

Cliente
괜찮아요. 창가 쪽 자리로 예약 가능한가요?

Non c'è problema. Ma possiamo prendere un posto accanto alla finestra?

논 체 쁘로블레마. 마 뽀씨아모 쁘렌데레 운 뽀스또 아깐또 알라 피네스뜨라

Cameriere

네. 어느 분 성함으로 예약할까요?

Va bene. A che nome faccio la prenotazione?

바 베네. 아 께 노메 파쵸 라 쁘레노따찌오네

Cliente

김 입니다.

Kim.

킴

Cameriere

내일 저녁 8시 30분 두 분 예약되었습니다.

Allora prenoto un tavolo per due per domani sera alle 20:30.

알로라 쁘레노또 운 따볼로 뻬르 두에 뻬르 도마니 세라 알레 벤띠 에 뜨렌따

Cliente

좋습니다!

Ottimo!

오띠모

---

tavolo 따볼로 테이블

persona 뻬르소나 사람

quando 꽌도 언제

verso 베르소 ~ 쯤, ~ 경

accanto a 아깐또 아 ~ 옆에

finestra 피네스뜨라 창문

prenotazione 쁘레노따찌오네 예약

allora 알로라 그러면, 자

sera 세라 저녁

생생 여행
Tip

• 레스토랑 종류

이탈리아는 음식이나 요리를 좋아하는 사람에게는 천국 같은 곳이다. 지역마다 음식의 종류도 다양하며 조리법도 다르다. 이탈리아에는 각양각색의 음식이 존재하는 만큼 다양한 종류의 음식점이 있다.

Ristorante(리스또란떼): 리스또란떼는 이탈리아어로 레스토랑이라는 뜻이고 뜨라또리아나 피쩨리아보다는 고급스럽고 가격도 비싼 편이다.

Trattoria(뜨라또리아): 리스또란떼보다 격식을 차리지 않은 음식점으로 편안한 분위기에서 정통 이탈리아 요리를 맛볼 수 있는 곳이다.

Pizzeria(삐쩨리아): 말 그대로 피자를 파는 곳이다. 이탈리아 사람들에게 피자를 주로 저녁에 먹는 음식이고 1인당 한 판씩 먹는 게 정석이다. 피자 한 판이 부담스럽다면 조각 피자를 먹을 수 있는 곳이 있다. Pizza al taglio(피자 알 딸리오)라고 적힌 곳에 가면 다양한 토핑이 올라간 부채꼴 혹은 사각형의 조각피자가 진열되어 있는 것을 볼 수 있다. 테이블이 마련되어 있기 않은 곳이 많기 때문에 바에 서서먹거나 테이크아웃을 한다.

Osteria(오스떼리아): 펍과 유사하며 와인과 현지 특산물로 만든 간단한 요리를 즐길 수 있는 곳으로 가격이 비교적 저렴한 편이다.

Enoteca(에노떼까): 지역의 포도밭이나 와이너리와 연계된 와인 바이다. 오스떼리아보다 격식을 갖추었으며 현지에서 생산된 와인을 맛보거나 구매도 가능하다.

Rosticceria(로스띠체리아): 미리 조리되어 있는 각종 음식, 특히 구이 종류가 많은데 테이블에서 먹거나 테이크아웃 할 수 있는 곳이다. 짧은 시간에 식사를 하려는 사람들이 주로 이용하며 플라스틱 일회용 식기류에 담아 제공되는 경우가 많다.

Paninoteca(파니노떼까): 다양한 종류의 이탈리아식 샌드위치인 빠니니나 포카챠를 파는 곳이다. 빵의 종류에서부터 소스, 야채, 치즈 등 속 재료를 취향에 맞게 골라서 넣을 수 있다.

Gelateria(젤라떼리아): 아이스크림 가게

유용한 회화 표현

5-4.mp3

Vorrei fare una prenotazione.	예약을 하고 싶어요.
Vorrei prenotare un tavolo, per favore.	테이블을 예약하고 싶어요.
Per quando?	언제로 예약해드릴까요?
Per questa sera alle 8:00.	오늘 저녁 8시요.
Mi dispiace! A quell'ora non c'è posto.	죄송합니다! 그 시간에는 자리가 없네요.
Per quante persone?	몇 분이시죠?
Avete una prenotazione?	예약하셨나요?
Avete dei tavoli liberi?	자리가 있나요?
C'è un tavolo libero? Siamo in due.	자리 있나요? 저희는 두 사람입니다.
Un tavolo per due, per favore.	두명 자리 부탁해요.
Se possibile, vorremmo un posto tranquillo.	가능하다면 조용한 자리 부탁합니다.
Vorremmo sederci all'aperto.	야외 자리를 원합니다.
Avete un tavolo per sei?	6명 자리가 있나요?
Potete accomodarvi qui.	여기 앉으세요.
Ecco il menù. Guardate pure con comodo.	여기 메뉴판입니다. 편안하게 고르세요.

어휘 플러스

레스토랑	ristorante 리스또란떼
메뉴	menù 메누
웨이터	cameriere 까메리에레
요리사	cuoco 꾸오꼬
손님	cliente 끌리엔떼
채식주의자	vegetariano 베제따리아노
비건	vegano 베가노
레시피	ricetta 리체따
육류	carne 까르네
닭고기	pollo 뽈로
돼지고기	suino 수이노
소고기	manzo 만조
송어	trota 뜨로따
칠면조	tacchino 따끼노
문어	polpo 뽈뽀
앞치마	grembiule 그렘비울레
쟁반	vassoio 바쏘이오
계산서	conto 꼰또
팁	mancia 만챠
예약석	Riservato 리세르바또
서비스비용 포함	Servizio incluso 세르비찌오 인끌루소
서비스비용 불포함	Servizio non incluso 세르비찌오 논 인끌루소

이탈리아가 궁금해

피자 배달

이탈리아에는 우리나라처럼 배달 음식 문화가 정착되어 있지 않지만 몇 년 전부터 배달 전문 업체들이 속속들이 생겨나고 있다. 하지만 맛뿐만 아니라 요리에도 상당한 애정을 쏟고 가치를 부여하는 이탈리아인들에게 음식 배달 서비스는 그리 유혹적이지 않다. 그러나 축구 경기가 있는 날이면 피자 배달원들이 이곳저곳으로 바삐 움직인다. 자신이 응원하는 팀의 경기가 있는 날 만큼은 가족이나 친구들끼리 모여 간단히 피자로 식사를 하며 축구 중계를 본다.

어플리케이션이나 배달업체 온라인 홈페이지를 통해 주문하거나 직접 피자 가게에 전화를 걸어 주문하는 방법이 있다. 온라인을 통해 주문할 경우 결제 방법(현금, 신용카드, 페이팔 등)도 택할 수 있다. 배달료의 유무와 금액은 업장에 따라 상이하지만 보통 거리에 따라 0.5~2.5€ 정도를 부과하고 있다.

Cameriere

안녕하세요, 주문하시겠어요?

Salve, signori, siete pronti per ordinare?

살베, 시뇨리, 씨에떼 쁘론띠 뻬르 오르디나레

Cliente

이 지역의 대표음식을 맛보고 싶은데, 추천해 주시겠어요?

Vorremmo un piatto tipico. Lei, cosa ci suggerisce?

보렘모 운 삐아또 띠삐꼬. 레이, 꼬사 치 수제리쉐

Cameriere

쁘리모 피아토(첫번째 요리)로 봉골레 스파게티와 바질 페스토 탈리아텔레 그리고 버섯 리조또가 있습니다.

Come primo abbiamo degli spaghetti con le vongole, delle tagliatelle al pesto oppure del risotto ai funghi.

꼬메 쁘리모 아비아모 델리 스파게티 꼰 레 봉골레, 델레 딸리아뗄레 알 뻬스또 오뿌레 델 리조또 아이 풍기

Cliente

그러면 저는 스파게티 주시고 제 남편은 리조또 주세요. 감사합니다.

Allora per me gli spaghetti, invece per mio marito il risotto. Grazie.

알로라 뻬르 메 리 스파게티, 인베체 뻬르 미오 마리또 일 리조또. 그라찌에

Cameriere

꼰토르노는 어떤걸로 드릴까요?

Come contorno che cosa prendete?

꼬메 꼰또르노 께 꼬사 쁘렌데떼

Cliente

저희 둘 다 샐러드로 주세요.

Un'insalata mista per tutti e due.

운인쌀라따 미스따 뻬르 뚜띠 에 두에

Cameriere

알겠습니다. 세콘도 피아토(두번째 요리)도 드시나요?

Bene. Prendete anche un secondo?

베네. 쁘렌데떼 앙께 운 세꼰도

Cliente

아니요, 감사합니다만 첫번째 요리면 됩니다.

No, grazie, solo un primo.

노. 그라찌에. 솔로 운 쁘리모

Cameriere

음료는 어떻게 하시겠어요?

E da bere?

에 다 베레

Cliente

생수 1리터와 레드 와인 한 병 주세요.

Un litro di acqua minerale naturale e una bottiglia di vino rosso, grazie.

운 리뜨로 디 아쿠아 미네랄레 나뚜랄레 에 우나 보띨리아 디 비노 로쏘. 그라찌에.

---

pronto 쁘론또 준비된

ordinare 오르디나레 주문하다

vorremmo 보렘모 원하다
(volere 동사의 조건법 1인칭 복수)

tipico 띠삐꼬 전형적인

suggerire 수제리레 제안하다

come 꼬메 ~로서

invece 인베체 반면에

marito 마리또 남편

contorno 꼰또르노 메인요리에 곁들여 먹는 사이드디쉬

insalata mista 인살라따 미스따
잘게 잘린 여러 종류의 샐러드

primo piatto 쁘리모 삐아또 파스타나 리조또 요리

secondo piatto 세꼰도 삐아또 고기나 생선 요리

acqua 아쿠아 물

bottiglia 보띨리아 병

생생 여행
Tip

• 와인등급

이탈리아는 전 세계 와인 생산량의 1/3을 차지하는 와인 종주국이다. 고대부터 이탈리아는 'Enotria tellus' 즉, 와인의 땅이라 불렸다. 그래서인지 이탈리아 사람들은 와인을 사랑하고 즐길 줄 안다. 이탈리아 포도 재배의 역사는 고대 그리스인이 지중해를 점령했을 당시인 기원전 1000년경으로 거슬러 올라간다. 최초의 포도 재배는 그리스인들의 상업 중심지였던 시칠리아와 칼라브리아에서 시작되어 점차 북부로 확산되었다. 현대에 와서 이탈리아의 와인 산지로 가장 유명한 곳은 토스카나와 피에몬테 지방이다. 그 외에 시칠리아, 베네토, 롬바르디아 등의 지방도 유명하다. 이탈리아의 와인은 엄격한 기준에 따라 총 4단계의 등급이 부여된다. 가장 높은 등급은 D.O.C.G(Denominazione di Origine Controllata e Garantita), 원산지 통제 보증 등급으로 국가가 보증하는 최상급 와인을 의미한다. 다음으로는 D.O.C 원산지 통제 등급으로 프랑스의 A.O.C에 해당된다. 다음으로 IGT(Indicazione Geografica Tipica)는 한정된 지역에서 재배되는 포도 품종으로 만들어진 와인이 속하는 등급이다. 마지막으로 VDT(Vino da Tavol)는 주로 데일리로 가볍게 즐길 수 있는 테이블 와인이 VDT등급에 속한다.

유용한 회화 표현

5-6.mp3

Può portare il menù?	메뉴판을 주시겠어요?
Posso prendere l'ordinazione?	주문을 받아도 될까요?
Sì, abbiamo deciso.	네, 결정했습니다.
Ancora un minuto, per favore.	조금만 더 기다려주세요.
Per primo, che cosa c'è?	쁘리모 삐아또로 무엇이 있나요?
Qual è il piatto del giorno?	오늘의 메뉴는 무엇인가요?
Senta, non avete piatti a base di pesce?	실례하지만, 생선으로 만든 요리는 없나요?
Avete piatti vegetariani?	채식주의자를 위한 요리가 있나요?
Non so che cosa prendere! Mi può consigliare qualcosa?	뭘 먹어야할지 모르겠어요! 추천을 해주시겠어요?
Questo non è ciò che ho ordinato.	이건 제가 주문한 음식이 아니에요.
Scusi, potrebbe portare altro pane?	죄송하지만, 빵을 더 가져다주실 수 있으시겠어요?
Un'altra bottiglia d'acqua, per favore.	물 한 병 더 주세요.
Ci può portare una bottiglia d'acqua gassata?	탄산수 한 병 주시겠어요?
Si può avere un cannolo alla crema?	크림 카놀로 하나 주시겠어요?
Il gelato contiene glutine?	아이스크림에 글루텐이 들어있나요?

어휘 플러스

에피타이저	Antipasti 안띠빠스띠
쁘리모 삐아또	Primi 쁘리미 (첫 번째 요리)
세꼰도 삐아또	Secondi 세꼰디 (두 번째 요리)
사이드디쉬	Contorni 꼰또르니
치즈	Formaggi 포르마지
후식	Dolci 돌치
음료	Bevande 베반데
병	bottiglia 보띨리아
유리컵	bicchiere 비끼에레
잔	tazza 따짜
숟가락	cucchiaio 꾸끼아이오
나이프	coltello 꼴뗄로
냅킨	tovagliolo 또발리올로
식탁보	tovaglia 또발리아
소금	sale 살레
설탕	zucchero 주께로
후추	pepe 뻬뻬
파스타	pasta 빠스따
육류	carne 까르네
생선	pesce 뻬쉐
해산물	frutti di mare 프루띠 디 마레
하우스와인	vino della casa 비노 델라 까사

이탈리아가 궁금해

아페리티보 문화

아페리티보(Aperitivo)는 식욕을 돋우기 위해 마시는 음료이다. 보통 오후 5~6시가 되면 이탈리아 대부분의 지역의 바(bar)에는 술잔을 들고 있는 사람들로 북적거린다. 이른 저녁시간에 이탈리아 사람들은 낮은 도수의 칵테일이나 와인으로 가볍게 입가심을 하고 본격적으로 저녁 식사를 하러간다. 이것이 바로 이탈리아의 식문화의 하나로 자리 잡은 아페리티보 문화이다. 최근에는 식사와 아페리티보를 함께 즐기는 'Apericena(아페리체나)'가 유행이다. 와인에 간단히 포테이토칩이나 땅콩이 제공되는 곳이 있는가하면 각종 치즈나 파스타 샐러드, 조각 피자, 샌드위치, 부르스게타처럼 든든한 요깃거리가 될 수 있는 핑거 푸드가 뷔페식으로 차려진 곳이 상당히 많다. 이런 경우12~15€ 정도로 음료 한 잔 값보다는 비싼 가격을 받는다. 아페리티보로 가장 인기 있는 음료는 'spritz(스프리츠)'이다. 화이트 와인에 탄산수와 리큐어를 섞어 만든 칵테일의 일종이다. 주황색 빛깔의 스프리츠에 초록색 올리브를 곁들이면 그야말로 환상의 조합이다. 아페리티보는 퇴근 후, 지친 이탈리아 인들에게 활력을 불어넣어주는 없어서는 안 될 일상과도 같은 특별한 문화이다.

Cameriere
맛있게 드셨나요?
Tutto bene?
뚜또 베네

Cliente
정말 맛있었어요.
Sono ottimi.
소노 오띠미

Cameriere
디저트나 커피 드시겠습니까?
Volete ancora un dolce, un caffè?
볼레떼 앙꼬라 운 돌체, 운 까페

Cliente
티라미수 있나요?
Avete il tiramisù?
아베떼 일 띠라미수

Cameriere
네, 있습니다.
Sì, certo.
씨, 체르또

Cliente
그러면 티라미수와 커피 두 잔 주세요. 그리고 계산서도 주시겠어요?
Allora il tiramisù e due caffè. E ci può portare il conto, per favore?
알로라 일 띠라미수 에 두에 까페. 에 치 뿌오 뽀르따레 일 꼰또, 뻬르 파보레

Cameriere
여기 계산서입니다.
Ecco il vostro conto.
에꼬 일 보스뜨로 꼰또

Cliente

신용카드로 계산해도 될까요?

Possiamo pagare con carta di credito?

뽀씨아모 빠가레 꼰 까르따 디 끄레디또

Cameriere

물론이죠. 이곳에 서명해주세요. 여기 영수증입니다.

Certo. Firmi qui e questo è il suo scontrino.

체르또. 피르미 뀌 에 퀘스또 에 일 수오 스꼰뜨리노

Cliente

감사합니다. 안녕히 계세요.

Grazie e arrivederci.

그라찌에 에 아리베데르치

---

tutto 뚜또 모든 것

ancora 앙꼬라 아직, 여전히

dolce 돌체 디저트

tiramisù 띠라미수 티라미수

portare 뽀르따레 가져오다

conto 꼰또 계산서

per favore 뻬르 파보레 … 해주세요

pagare 빠가레 계산하다

firmare 피르마레 서명하다

scontrino 스꼰뜨리노 영수증

생생 여행
Tip

• Pagare alla romana (더치페이 표현)

'Pagare alla romana(파가레 알라 로마나)' 혹은 'Fare alla romana(파레 알라 로마나)'는 비용을 각자 부담한다는 '더치페이'를 의미하는 관용표현이다. 친구들과의 식사 후에 "pagare alla romana"라고 한다면 식사비용을 똑같이 N분의 1해서 각자 부담한다는 뜻이다. 그 유래로는 여러 가지가 전해오는데 그 중 가장 지배적인 것은 고대 트라토리오에서 순례자들의 식사비용을 총 인원으로 나누어 각각 같은 금액을 지불하도록 했다는 전통에서 유래한 것이라고 전해진다.

이와 관련해서 재미있는 일화가 있다. 이탈리아의 F1 레이서들은 수십 억대의 연봉을 받는 사람들이지만 레스토랑에서 음식 값을 지불할 때는 더치페이를 선호한다고 한다. 몇 년 전 중국 상하이 그랑프리 참여 후 함께 저녁식사를 하러 간 자리에서 18명의 레이서들이 18장의 영수증을 받아 각자의 카드로 모두 따로 계산한 해프닝이 있었다.

유용한 회화 표현

5-8.mp3

Vuoi assaggiare?	먹어볼래?
Senti com'è buono.	맛있어 맛 좀 봐.
Mi fai assaggiare?	먹어봐도 될까?
Tutto a posto?	전부 맛있게 드셨나요?
Tutto a posto, grazie.	맛있게 먹었어요.
Veramente buono.	정말 맛있어요.
Come va, signori?	음식 어떠셨나요?
Tutto squisito, grazie.	모두 맛있었어요, 감사합니다.
Questa bistecca è eccezionale!	이 스테이크는 정말 맛있군요!
Senta, la minestra è fredda.	실례하지만, 수프가 식었네요.
Questo risotto è troppo salato!	이 리조또는 너무 짜요!
Ci può portare il conto, per favore?	계산서를 가져다 주시겠어요?
Il conto, per favore!	계산서 주세요.
Posso pagare con la carta?	신용카드로 계산해도 되나요?
Possiamo pagare separatamente?	각자 계산해도 되나요?

어휘 플러스

신선한	fresco 프레스코
연한, 부드러운	tenero 떼네로
맛있는	squisito 스뀌지또
너무 익힌	scotto 스꼬또
딱딱한	duro 두로
설 익힌	al dente 알덴떼 (씹히는 식감이 살아 있도록 삶은)
냉동	surgelato 수르젤라또
짠	salato 살라또
레어	al sangue 알 상궤 (스테이크 굽기)
미디움	media 메디아
웰던	bencotta 벤꼬따
계산서	conto 꼰또
영수증	scontrino 스꼰뜨리노
서명	firma 피르마
지불하다	pagare 빠가레
현금으로	in contanti 인 꼰딴띠
신용카드로	con carta di credito 꼰 까르따 디 끄레디또
내가 낼게!	Pago io! 빠고 이오!
나눠냅시다!	Dividiamo il conto! 디비디아모 일 꼰또!

이탈리아가 궁금해

이탈리아 커피

커피에 대한 사랑이 남다른 이탈리아인들은 자국 커피에 대한 자부심이 굉장히 강하다. 세계 최대 커피 체인 업체인 스타벅스가 과거에 이탈리아 시장을 상대로 매번 씁쓸한 좌절을 맛보았다는 사실이 이를 뒷받침해준다. 이탈리아인들에게 커피는 단순한 카페인 음료가 아니라 문화유산이자 삶의 일부인 셈이다. 대표적인 이탈리아 커피는 espresso(에스프레소)가 있다. caffè espresso(카페 에스프레소)나 caffè normale(카페 노르말레)라고 부르기도 한다. 보통 "Un caffè, per favore(커피 한 잔 주세요)"라고 주문하면 에스프레소를 준다. 에스프레소 외에도 cappuccino(카푸치노), caffè macchiato(카페 마끼아또), caffè marocchino(카페 마로키노) 등 우유가 들어간 다양한 종류의 커피도 존재한다. 이 중 카푸치노는 대개 아침에만 마신다.

Tip: 지역마다 차이가 있지만 바에서 서서 마시는 경우와 앉아서 마시는 경우 커피 값이 차이나는 경우가 있다. 앉아서 마실 경우는 웨이터가 직접 주문을 받고 계산까지 앉아서 마치게 되는 경우인데 커피 한 잔의 3배 정도 가격으로 비싸다. 서비스료가 붙기 때문인데 이럴 경우 바에 서서 마시거나, 계산대에서 먼저 계산한 뒤 바리스타에게 직접 커피를 받아서 빈자리에 앉는다면 저렴한 가격에 커피를 즐길 수 있다.

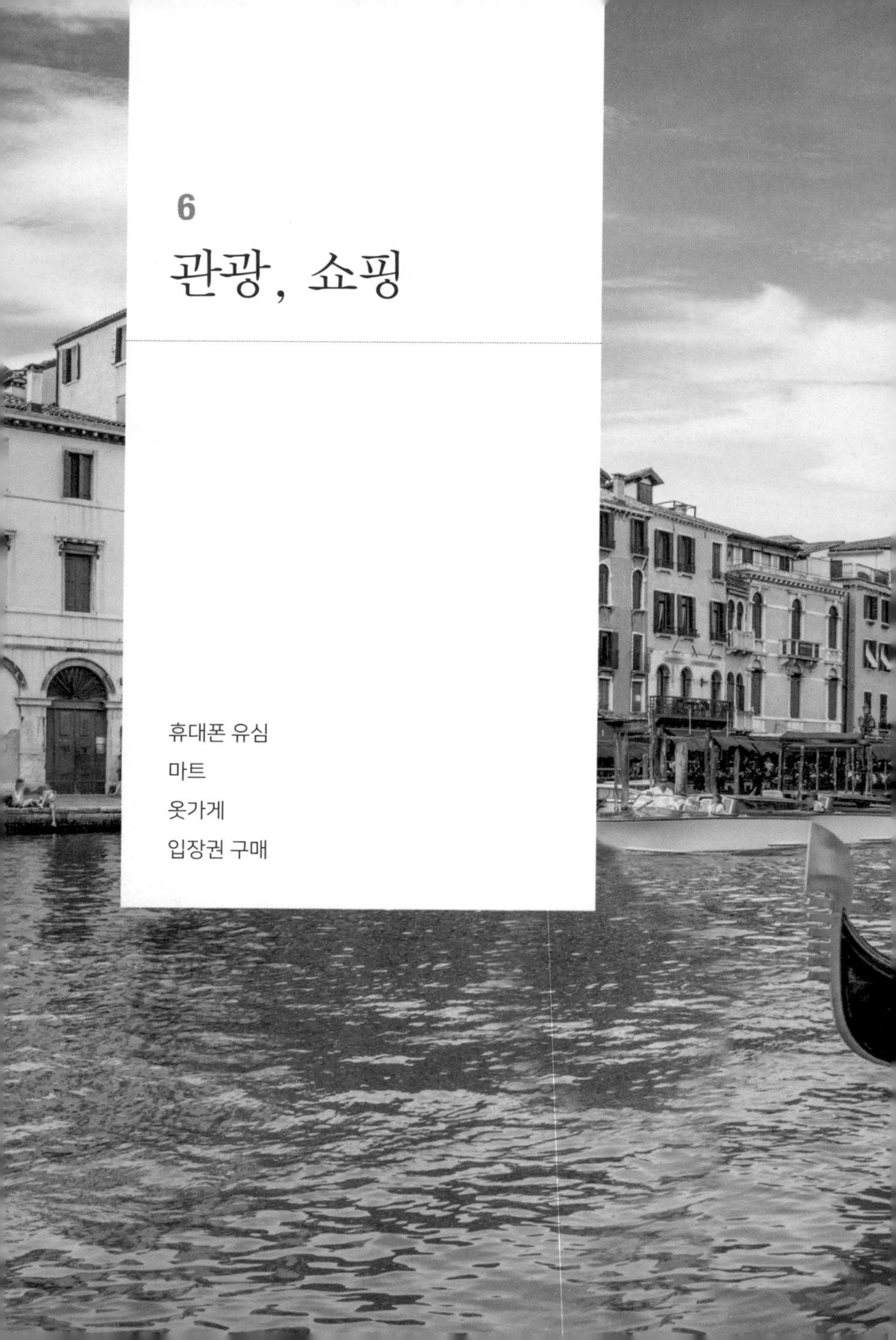

6

관광, 쇼핑

휴대폰 유심

마트

옷가게

입장권 구매

휴대폰 유심 Comprare scheda SIM

Cliente

안녕하세요, 유심을 구매하고 싶어요. 가격이 얼마인가요?

Buongiorno, vorrei comprare una scheda SIM. Quanto costa?

부온 죠르노, 보레이 꼼쁘라레 우나 스께다 심. 꽌또 꼬스따

Commessa

한달에 29유료 입니다. 인터넷 15기가와 국내 통화 무제한이에요.

29 euro al mese per 15GB e chiamate nazionali illimitate.

벤띠노베 에우로 알 메세 뻬르 뀐디치 지가 에 끼아마떼 나찌오날리 일리미따떼

Cliente

좋아요. 바로 구매할게요.

Va bene. La compro subito.

바 베네. 라 꼼프로 수비또

Commessa

신분증을 주시겠어요?

Mi dà il suo documento?

미 다 일 수오 도꾸멘또

Cliente

개통하는데 시간이 얼마나 걸리나요?

Quanto tempo ci vuole per l'attivazione?

꽌또 뗌뽀 치 부올레 뻬르 라띠바찌오네

Commessa

30분 안에 될 거예요. 개통이 되면 알림 문자가 도착 할 거예요.

Non più di mezz'ora. Le arriverà un sms, che le comunicherà l'avvenuta attivazione.

논 삐우 디 메쪼라. 레 아리베라 운 에셈에스, 께 레 꼬무니께라 라베누따 아띠바찌오네

Cliente

네. 충전하려면 몇 번으로 전화해야하죠?

Ok. Che numero devo chiamare per la ricarica?

오케이. 께 누메로 데보 끼아마레 뻬르 라 리까리까

Commessa

0056번으로 전화하면 돼요. "My TIM" 어플리케이션을 다운 받으면 편해요. 사용량을 확인할 수 있고 충전도 가능합니다.

Deve fare il 0056. Le conviene installare la nostra applicazione "My TIM" che permette di controllare il traffico disponibile e ricaricare il credito.

데베 파레 일 제로제로칭퀘세이. 레 꼰비에네 인스딸라레 라 노스뜨라 아플리까찌오네 "마이 팀" 께 뻬르메떼 디 꼰뜨롤라레 일 뜨라피꼬 디스뽀니빌레 에 리까리까레 일 끄레디또

Cliente

아 편리하군요. 감사합니다. 안녕히 계세요.

Ah è comodo. Grazie e arrivederci.

아 에 꼬모도. 그라찌에 데 아리베데르치

---

scheda 스께다 카드
chiamata 끼아마따 통화
nazionale 나찌오날레 국가의
illimitato 일리미따또 무제한
ci vuole 치 부올레 ~ 시간이 걸리다
mezzo 메쪼 반
comunicare 꼬무니까레 의사소통하다, 전달하다
attivazione 아띠바찌오네 활성화
numero 누메로 숫자
chiamare 끼아마레 전화하다
ricarica 리까리까 (금액) 충전
instrallare 인스딸라레 설치하다
applicazione 아플리까찌오네 어플리케이션
permettere di 뻬르메떼 디 ~을 허락하다
traffico 뜨라피꼬 통화량, 교통량
comodo 꼬모도 편리한

• 휴대폰 요금 충전

이탈리아에서는 요금을 먼저 충전하여 사용하는 선불폰을 사용하는 것이 일반적이다. 휴대폰은 여권만 있으면 누구라도 개통이 가능하다. 한 번 개통된 유심카드는 1년간 미사용시 자동으로 해지되는 시스템이다. 이탈리아 사람들이 주로 쓰는 통신사로는 TIM, WIND, TRE, VODAFONE이 있다. 통신사는 달라도 휴대폰 요금을 충전하는 방식은 같다. 일반적인 방식은 Tabacchi(타바키: 담배가게)에 가서 휴대폰 번호를 말하고 원하는 금액을 충전하는 방식과 슈퍼나 통신사 대리점 등에서 원하는 금액(보통 5, 10, 20, 30, 50, 100, 200유로)의 충전카드를 구입해서 각 통신사의 충전 센터에 전화를 걸어 충전하는 것이다. 스마트폰 사용이 확산되면서 충전 방식 또한 변화를 맞았다. 충전카드를 구입하지 않고 통신사 어플리케이션이나 홈페이지에서 신용카드나 페이팔(Paypal)로 결제하고 충전하는 간편한 방법이 있다. 이것마저 귀찮게 느껴진다면 정액요금에 가입 한 뒤 매달 요금을 신용카드나 직불카드에서 자동 결제되도록 신청해 놓으면 된다.

유용한
회화 표현

6-2.mp3

Vorrei comprare una scheda SIM.	유심 카드를 사고 싶어요.
Compro anche una ricarica da 15 euro.	15유로 충전도 할게요.
Quanto costa una scheda SIM?	유심 카드는 얼마인가요?
Costa 20 euro, inclusi 5 euro di chiamata.	20유로이고 통화요금 5유로가 포함되어 있습니다.
Quanto costano le telefonate?	통화요금은 얼마에요?
Le telefonate costano 10 centesimi al minuto.	통화요금은 1분에 10센트 입니다.
E quanto costa un sms?	문자메시지는 얼마인가요?
Quanto costa chiamare in Corea?	한국에 전화하는 요금은 얼마에요?
Costa 50 centesimi al minuto.	1분에 50센트 입니다.
Qual è il numero dell'assistenza?	고객센터 전화번호는 몇 번인가요?
Devo digitare questo codice?	이 비밀 번호를 눌러야 하나요?
C'è un canone fisso?	기본요금이 있나요?
Non c'è il canone/ Niente canone.	기본요금이 없습니다.
Vorrei fare una ricarica da 10 euro.	10유로를 충전하고 싶어요.
Sarà attivato subito/immediatamente.	즉시 개통 될 겁니다.

어휘 플러스

전화하다	telefonare/chiamare 뗄레포나레/끼아마레
전화통화	telefonata/chiamata 뗄레포나따/끼아마따
요금을 충전하다	ricaricare il credito 리까리까레 일 끄레디또
유심카드	scheda SIM 스께다 심
사용가능한	credito 끄레디또
이용요금	canone 까노네
문자메시지	messaggio 메싸죠
충전	ricarica 리까리까
(키패드를) 누르다	digitare 디지따레
비밀번호	codice 꼬디체
개통	attivazione 아띠바찌오네
고정/기본요금	canone fisso 까노네 피쏘
선불 유심카드	Scheda sim prepagata 스께다 심 쁘레빠가따
충전 가능한 유심카드	Scheda sim ricaricabile 쓰께다 심 리까리까빌레
연결하다	collegare 꼴레가레
프린터기	stampante 스땀빤떼
고객센터	Centro Assistenza 첸트로 아씨스뗀짜
즉시	immediatamente 임메디아따멘떼
~ 후에	dopo 도뽀
~ 전에	prima 쁘리마

이탈리아가 궁금해

화폐와 숫자

이탈리아는 유럽연합의 단일 화폐인 '유로(Euro)'를 사용한다. '에우로'라고 읽으며 기호로는 '€'로 표시한다. 지폐로는 €5, €10, €20, €50, €100, €200가 있고 동전으로는 1, 2, 5, 10, 20, 50cent와 €1, €2가 있다. 2019년 1월 유럽중앙은행(ECB)에서는 최고액권인 500유로가 테러·범죄에 악용될 가능성이 크다고 판단하여 해당 지폐의 발행을 중단했다.

가격을 표시하고 읽을 때도 '유로'와 '센트'를 사용한다. 이탈리아어로 센트는 centesimo(첸떼지모)이다.

금액을 읽을 때는 콤마(,)를 기준으로 앞은 유로 뒤는 첸떼지모로 읽는데, '그리고'라는 의미의 'e' 넣거나 생략해서 읽는다.

3,50 Euro: 3유로 50센트
- tre euro e cinquanta centesimi(트레 에우로 에 칭꽌따 첸떼지미)

이탈리아의 기수 표현은 다음과 같다.

0 zero	8 otto	16 sedici	60 sessanta
1 uno	9 nove	17 diciassette	70 settanta
2 due	10 dieci	18 diciotto	80 ottanta
3 tre	11 undici	19 diciannove	90 novanta
4 quattro	12 dodici	20 venti	100 cento
5 cinque	13 tredici	30 trenta	200 duecento
6 sei	14 quattordici	40 quaranta	1000 mille
7 sette	15 quindici	50 cinquanta	2000 duemila

Cliente

블랙 올리브를 사고 싶어요. 킬로에 얼마인가요?

Vorrei delle olive nere. Quanto le mette al chilo?

보레이 델레 올리베 네레. 꽌또 레 메떼 알 킬로

Commessa

오늘 블랙 올리브는 1킬로에 3유로입니다.

Le olive nere oggi sono in offerta a 3 euro al chilo.

레 올리베 네레 오쥐 소노 인 오페르따 아 뜨레 에우로 알 킬로

Cliente

좋군요, 그럼 300그램 주세요.

Benissimo, allora ne prendo tre etti.

베니씨모, 알로라 네 쁘렌도 뜨레 에띠

Commessa

여기 있어요. 더 필요한 게 있나요?

Ecco a Lei. Desidera qualcos'altro?

에꼬 아 레이. 데지데라 꽐꼬살뜨로

Cliente

네, 토마토 1킬로와 파마산 치즈 200그램 주세요.

Sì, un chilo di pomodori e un paio d'etti di parmigiano.

씨, 운 킬로 디 뽀모도로 에 운 빠이오 데띠 디 빠르미지아노

Commessa

녹색과 빨간색 토마토 중 어떤 걸로 드릴까요?

I pomodori li vuole verdi o rossi?

이 뽀모도리 리 부올레 베르디 오 로씨

Cliente

빨간색 토마토로 주세요.

Preferisco quelli rossi.

쁘레페리스꼬 꿸리 로씨

Commessa
여기 있습니다. 또 필요한 게 있나요?
Ecco a Lei. Altro?
에꼬 아 레이. 알뜨로

Cliente
아니요, 이걸로 충분합니다. 고맙습니다. 얼마인가요?
No, basta così, grazie. Quant'è?
노, 바스따 꼬지, 그라찌에. 꽌떼

Commessa
20유로 입니다.
Sono 20 euro.
소노 벤띠 에우로

Quanto 꽌또 얼마나
nero 네로 검정색
al chilo 알 킬로 1킬로에
in offerta 인 오페르따 세일 중
etto 에또 100g
pomodoro 뽀모도로 토마토
un paio di 운 빠이오 디 ~한 쌍
verde 베르데 초록색
altro 알뜨로 다른
bastare 바스따레 충분하다
Quant'è? 꽌떼 얼마인가요?

• 젤라토 명가

아이스크림 하나에도 장인정신이 깃들어있는 곳이 바로 이탈리아이다. 4계절 내내 인기를 끄는 디저트 중의 하나가 젤라토이다. 이탈리아의 권위 있는 와인과 음식 전문 매체인 『Gambero Rosso』는 매년 최고의 젤라토 가게를 선정한다. 2023년에는 총493개의 젤라떼리아 중 64곳을 선별하여최고 등급인 'Tre Coni(뜨레 꼬니)'를 부여했다. 그 중에서도 최고의 젤라테리아로 선정된 네 곳은 에밀리아-로마냐 주의 피덴차에 위

치한 Magritte – Gelati al Cubo, 롬바르디아 주의 노바테 밀라네제에 위치한 Sir Oliver, 마르케 주의 앙코나 지역에 위치한 Paolo Brunelli Combo와 시칠리아 메시나의 Sikè Gelato이다.

https://www.foodconfidential.it/gelato/gelaterie-ditalia-2023-by-gambero-rosso-tutti-i-premiati-2/

유용한 회화 표현

6-4.mp3

A chi tocca?	어느 분 차례인가요?
A me!	저요!
Vorrei un chilo di arance, per favore.	오렌지 1킬로 주세요.
Mi fa un paio d'etti di formaggio?	치즈 200그램을 주시겠어요?
Mi dà due chili di mele?	사과 2킬로를 주시겠어요?
Vorrei del prosciutto.	프로슈토 주세요.
Ci sono le arance di Sicilia?	시칠리아 산 오렌지 있나요?
Quanto vengono le olive nere?	검은색 올리브는 얼마인가요?
Quanto viene il pane al chilo?	빵은 1킬로에 얼마예요?
Questa ricotta è fresca?	이 리코타 치즈는 신선한가요?
Certo! La vuole assaggiare?	물론이죠! 맛 좀 보실래요?
Basta così?	이걸로 됐나요?
Sì, grazie.	네, 감사합니다.
Qualcos'altro?	더 필요한 게 있나요?
Desidera altro?	아니요. 이걸로 됐습니다.
No, a posto così.	모두 샀어요.

어휘 플러스

1kg	un chilo 운 킬로
500g	mezzo chilo 메쪼 킬로
100g	un etto 운 에또
1ℓ	un litro 운 리트로
약 200g	un paio d'etti 운 빠이오 데띠
물 한 병	una bottiglia d'acqua 우나 보띨리아 다쿠아
달걀 6개 들이 한 판	una confezione da 6 uova 우나 꼰페찌오네 다 세이 우오바
맥주 한 캔	una lattina di birra 우나 라띠나 디 비라
파스타 한 팩	un pacco di pasta 운 빠꼬 디 빠스따
커피 한 팩	un pacco di caffè 운 빠꼬 디 까페
냉동식품 한 봉지	una busta di surgelati 우나 부스따 디 수르젤라띠
잼 한 통	un barattolo di marmellata 운 바라톨로 디 마르멜라따
참치 한 캔	una scatola di tonno 우나 스까똘라 디 또노
치약 한 개	un tubetto di dentifricio 운 뚜베또 디 덴띠프리쵸

이탈리아가 궁금해

이탈리아의 빵

이탈리아에서 빵은 주식으로 애용될 정도로 이탈리아 식문화의 중심을 이루고 있다. 지역별로 재료와 모양이 다른 탓에 무려 250여 종의 빵이 존재한다. 이탈리아 남부에서는 듀럼밀을 이용해서 빵을 만드는 한편, 북부에서는 주로 밀을 사용하며, 쌀가루를 섞어 만들기도 한다. 이탈리아인들이 즐겨먹는 빵으로는 다음과 같다.

1) Pane cafone(파네 카포네)
이탈리아 시골에서 만들어 먹던 빵으로 표면은 바삭바삭한 내부는 촉촉하고 부드러운 것이 특징인 식전 빵이다.

2) Michetta(미케타)
미케타 혹은 로제타라고 불리며 롬바르디아 지역, 특히 밀라노 사람들이 주로 먹는 빵이다. 부풀어 오른 별 모양으로 주로 햄과 치즈를 곁들여 먹는다.

3) Ciabatta(치아바타)
길쭉한 모양의 치아바타는 베네토 지역에서 즐겨먹는 빵이다. 내부는 구멍이 송송 뚫려 있고 표면은 바삭하고 노르스름하다.

4) Pane Carasau(파네 카라사우)
나뭇잎처럼 얇고 바삭한 것이 특징이다. 파네 카라사우는 사르데냐 지역에서 즐겨 먹으며 식사 할 때 곁들여 먹기도 하고 밀푀유나 라자냐의 재료로 쓰이기도 한다.

Commessa 어서오세요, 어떤 걸 찾으세요?

Prego, desidera?

쁘레고, 데지데라

Cliente 진열되어 있는 저 울 치마를 보고 싶어요.

Vorrei vedere quella gonna di lana in vetrina.

보레이 베데레 퀠라 곤나 디 라나 인 베뜨리나

Commessa 네, 사이즈가 어떻게 되세요?

Sì. Che taglia porta?

씨. 께 딸리아 뽀르따

Cliente 40입니다.

La 40.

라 꽈란따

Commessa 여기 있어요. 착용하고 싶으시면 탈의실은 저기 있어요.

Ecco, se vuole provarla il camerino è lì.

에꼬, 세 부올레 쁘로바를라 일 까메리노 에 리

Commessa 어떠세요?

Allora, come le sta?

알로라, 꼬메 레 스따

Cliente 모르겠어요… 조금 짧은 것 같지 않아요?

Non so... forse un po' corta, no?

논 소… 포르세 운 뽀 꼬르따, 노

Commessa 아니요! 딱 좋은 것 같은데요. 손님에게 정말 잘 어울려요.

Ma no! Secondo me è perfetta così. Le sta benissimo.

마 노! 세꼰도 메 에 뻬르페타 꼬지. 레 스따 베니씨모

Cliente

정말요? 그럼 이 치마 살게요. 저기, 저 부츠도 신어 봐도 될까요?

Dice? Allora la prendo. Senta, posso vedere anche quel paio di stivali?

디체? 알로라 라 쁘렌도. 센타, 뽀쏘 베데레 앙께 꿸 빠이오 디 스띠발리

Commessa

물론이죠, 사이즈는요?

Certo, che numero porta?

체르또, 께 누메로 뽀르따

Cliente

38입니다.

Ho il 38.

오 일 뜨렌또또

Cliente

정말 편하고 부드럽네요. 얼마에요?

Sono molto comodi e morbidi. Quanto costano?

소노 몰또 꼬모디 에 모르비디. 꽌또 꼬스따노

Commessa

그 부츠는 120유로인데 40% 세일 중이에요.

Quegli stivali costano 120 euro, ma c'è il 40% di sconto.

꿸리 스띠발리 꼬스따노 첸또벤띠 에우로 마 체 일 꽈란따 뻬르첸또 디 스꼰또

---

gonna 곤나 치마
lana 라나 울
in vetrina 인 베뜨리나 진열장에
taglia 딸리아 사이즈
provare 쁘로바레 시도하다, 입어보다
camerino 까메리노 탈의실
forse 포르세 아마도
corto 꼬르또 짧은
secondo me ... 세꼰도 메 내 생각에 …
stivali 스띠발리 부츠
morbido 모르비도 부드러운
costare 꼬스따레 가격이 … 나가다

생생 여행
Tip

• 의복 사이즈

패션의 종주국이라 불리는 이탈리아는 세계적으로 유명한 디자이너 브랜드뿐만 아니라 기성복 제조업체를 보유하고 있다. 관광객들은 이탈리아 곳곳을 다니며 문화와 역사를 체험하지만 무엇보다 빼놓지 않고 즐기는 것이 있다. 쇼핑이 바로 그것이다. 장인정신을 담아 한 땀 한 땀 정성들여 만들어진 제품들을 보면 지갑이 절로 열린다. 수공예품이야 마음에 드는 걸로 집어 들면 그뿐이지만 옷이나 신발은 제 몸에 맞는 사이즈를 잘 확인해야 한다. 그러나 이탈리아와 한국 의복의 사이즈 체계가 달라 혼란을 느낄 수 있다.

다음의 표를 참고하여 자신에게 맞는 이탈리아 사이즈를 확인할 수 있다.

의류		
사이즈	여성	남성
XS	38	•
S	40	46
M	42	48
L	44	50
XL	46	52
XXL	48	54

신발	
한국	이탈리아
230	36
240	37
250	38
260	39
270	40
280	41

유용한 회화 표현

6-6.mp3

Posso aiutarLa?	도와드릴까요?
No, grazie, volevo solo dare un'occhiata.	괜찮아요. 그냥 둘러보려는 것뿐이에요.
Posso vedere la maglietta in vetrina?	진열되어 있는 티셔츠를 입고봐도 될까요?
Mi servono delle scarpe.	신발이 필요해요.
Vorrei provare questa giacca.	이 자켓을 입어보고 싶어요.
Cerco un paio di pantaloni di cotone.	면 바지를 찾고 있어요.
Quella cravatta verde in vetrina è in saldo?	진열장에 있는 저 초록색 넥타이는 세일 중인가요?
Che numero/taglia porta?	사이즈(신발/옷)가 어떻게 되세요?
Il 38/ La 46.	38/46이에요.
Dov'è il camerino?	탈의실이 어디있나요?
Posso provare una misura più piccola?	조금 더 작은 사이즈를 입어봐도 될까요?
Come mi sta?	어때요? (저한테 어울려요?)
Mi sta largo.	사이즈가 크네요.
Non mi piacciono queste scarpe.	이 신발은 맘에 들지 않아요.
Non mi piace il colore.	색깔이 맘에 들지 않아요.
Mi sembrano un po' troppo vistosi.	제게는 너무 화려한 것 같네요.

어휘 플러스

꽉 끼는	stretto 스뜨레또
헐렁한, 큰	largo 라르고
짧은	corto 꼬르또
긴	lungo 룽고
양모로 된	di lana 디 라나
가죽으로 된	di pelle 디 뻴레
면으로 된	di cotone 디 꼬또네
원색	a tinta unita 아 띤따 우니따
꽃무늬	a fiori 아 피오리
줄무늬	a righe 아 리게
체크무늬	a quadri / a scacchi 아 꽈드리 / 아 스까끼
수트	completo 꼼쁠레또
코트	cappotto 까뽀또
드레스	vestito 베스띠또
잠바	giubotto 쥬보또
자켓	giacca 쟈까
벨트	cintura 친뚜라
스타킹	calze 깔쩨
양말	calzini 깔찌니
장갑	guanti 관띠
스카프	sciarpa 쉬아르빠
와이셔츠	camicia 까미챠
티셔츠	maglietta 말리에따
스웨터	maglione 말리오네

쇼핑의 천국 이탈리아

명품브랜드의 천국인 이탈리아는 관광객들의 쇼핑 욕구를 자극한다. 이탈리아는 하계와 동계 시즌으로 나누어 두 번의 빅세일을 실시한다. 여름 세일은 보통 7월 초부터 9월 말까지이고 겨울 세일은 크리스마스와 새해연휴가 끝나는 1월 5일부터 3월 말까지이다. 각 지역별로 일정이 상이할 수 있다. 세일 기간이 되면 거리의 수많은 상점 입구에 세일이라는 의미의 'Saldi(살디)' 문구를 볼 수 있다. 각 점포별로 차이가 있지만 세일 종료시점에 가까워질수록 할인 폭이 올라간다. 또한 자주 볼 수 있는 표현으로 'Saldi tutto al 50%(전품목 50%세일)', 'Fino al 70% di sconto!(최대 70%까지 할인)'등이 있다. 평소 갖고 싶었지만 가격이 부담되었던 물건을 보다 저렴한 가격으로 구입할 수 있는 절호의 기회이다. 명품 브랜드 같은 경우는 시내 매장 외에도 로마나 베네치아, 피렌체 등 비교적 큰 도시 외곽에 위치한 아울렛을 이용하는 방법도 있다. 겨울 시즌에는 추가 할인이 더해지기 때문에 득템의 기회를 노려볼 수 있다.

입장권 구매 Al museo

Turista

입장료는 얼마인가요?

Quanto si paga per entrare?

꽌또 시 빠가 뻬르 엔뜨라레

Bigliettaio

우피치 미술관을 방문하실건가요?

Desidera visitare la Galleria degli Uffizi?

데지데라 비지따레 라 갈레리아 델리 우피치

Turista

네, 피티 궁과 보볼리 정원도 함께요.

Sì, anche Palazzo Pitti e Giardino Boboli.

씨, 앙께 팔라쪼 피티 에 쟈르디노 보볼리

Bigliettaio

그러면 "PassePartout 3 Days"를 구매하시는게 좋아요. 우피치 미술관과 피티 궁전, 보볼리 정원을 할인된 단일 티켓으로 이용할 수 있어요.

Allora le conviene comprare "PassePartout 3 Days". Può visitare gli Uffizi, Palazzo Pitti e Boboli con un unico biglietto dal prezzo scontato.

알로라 레 꼰비에네 꼼쁘라레 "파 파르투 트리 데이즈". 뿌오 비지따레 리 우피치, 팔라쪼 피티 에 보볼리 꼰 운 우니코 빌리에또 달 쁘레쪼 스꼰따또

Turista

그 티켓은 얼마에요?

Quanto costa il biglietto?

꽌또 꼬스따 일 빌리에또

Bigliettaio

38유로이고, 3일간 유효합니다.

38 euro, è valido per 3 giorni.

뜨렌또또 에우로, 에 발리도 뻬르 뜨레 죠르니

Turista

정말 좋군요! 오늘 가이드 투어가 있나요?

Ottimo! Ci sono delle visite guidate oggi?

오띠모! 치 소노 델레 비지떼 귀다떼 오쥐

Bigliettaio

죄송하지만 모든 가이드 투어가 마감되었어요. 하지만 오디오 가이드를 이용하실 수 있습니다.

Mi spiace, i posti per la visita guidata sono tutti esauriti. Ma è disponibile una guida audio.

미 스삐아체, 이 뽀스띠 뻬르 라 비지따 귀다따 소노 뚜띠 에사우리띠. 마 에 디스뽀니빌레 우나 귀다 아우디오

---

entrare 엔뜨라레 들어가다

visitare 비지따레 방문하다

conviene 꼰비에네 ~ 하는 것이 유용, 편리하다 (convenire 동사의 3인칭 단수)

unico 우니꼬 단일의

prezzo 쁘레쪼 가격

scontato 스꼰따또 절감된, 줄어든

valido 발리도 유효한

visita guidata 비지따 귀다따 가이드 투어

esaurito 에사우리또 소진된, 지친

disponibile 디스뽀니빌레 이용가능한

• 우피치 미술관

피렌체의 우피치 미술관(Galleria degli Uffizi)은 후기 르네상스를 대표하는 궁전 건축으로 메디치가의 토스카나 대공 코지모(Portrait of Cosimo I de' Medici) 1세의 공관으로 사용하기 위해 16세기 중반, 바사리의 설계와 시공으로 완성되었다. 미술관 내부에는 16~17세기에 걸쳐 메디치 가문이 수집한 르네상스 시대의 미술품 2천 5백여 점을 전시되어 있다. 프랑스의 루브르나 영국의 대영박물관에 비하면 작은 규모이지만 그 역사적 가치는 전혀 뒤쳐지지 않는다. 우피치 미술관의 조성을 처음으로 추진했던 프란체스코 데 메디치부터 마지막 승계자인 안나 마리아 루이사에 이르기까지 소중하게 보존된 예술품들은 피렌체라는 도시의 위용과 예술적 가치를 증명해주는 영원불멸의 유산과도 같다.

우피치 미술관 운영시간

매주 월요일, 1월1일, 12월 25일 휴관
화요일~일요일 8:15~18:50

홈페이지에서 사전예약을 통해 줄서지 않고 예약한 시간에 바로 입장이 가능하다.
예약 시 4유로의 수수료가 붙는다.

유용한 회화 표현

6-8.mp3

L'ingresso è a pagamento?	입장료가 있나요?
Vorrei due biglietti d'ingresso al Duomo, per favore.	두오모 입장권 두 장 주세요.
C'è uno sconto studenti?	학생 할인이 되나요?
Posso fare foto agli uffizi?	우피치 미술관에서 사진 촬영을 해도 되나요?
Scusi, è permesso scattare fotografie alle opere?	작품들을 사진 찍어도 되나요?
A che ora inizia la prossima visita guidata?	다음 가이드 투어는 몇 시에 시작하나요?
Dov'è il guardaroba?	사물함은 어디에 있나요?
Dobbiamo lasciare le nostre borse nel guardaroba?	가방은 사물함에 보관해야 하나요?
Avete una mappa del museo?	미술관 지도가 있나요?
A che ora chiudete?	몇 시에 문을 닫나요?
Di chi è questo dipinto?	이 그림은 누구의 작품이에요?
Il museo è chiuso tutti i lunedì.	매주 월요일 휴관입니다.

어휘 플러스

유화	pitture ad olio 삐뚜레 아드 올리오
수채화	acquerelli 아꿰렐리
초상화	ritratti 리뜨라띠
풍경화	paesaggi 빠에사지
조각	sculture 스꿀뚜레
현대미술	l'arte moderna 라르떼 모데르나
고전미술	i dipinti classici 이 디삔띠 끌라시치
인상주의미술	i dipinti impressionisti 이 디삔띠 임쁘레씨오니스띠
입장료 무료	Ingresso gratuito 잉그레쏘 그라뚜이또
사진촬영금지	Vietato fotografare 비에따또 포토그라파레
사물함	Guardaroba 과르다로바
카페테리아	Caffetteria 까페떼리아
기념품 상점	Negozio di souvenir 네고찌오 디 수베니르
매표소	biglietteria 빌리에떼리아
가이드투어	le visite guidate 레 비지떼 귀다떼
시티투어	la visita guidata della città 라 비지따 귀다따 델라 치따
영화관	cinema 치네마
극장	teatro 떼아뜨로
콘서트홀	sala da concerti 살라 다 콘체르띠
미술관	galleria d'arte 갈레리아 아르떼
박물관	museo 무세오

이탈리아가 궁금해

뮤지엄 데이

이탈리아 어느 곳을 가도 그 자체로 야외 박물관을 방불케 한다. 세계적인 예술, 건축 등 문화유산을 직접 눈으로 보려고 전 세계에서 몰려든 관광객들로 한 시도 한산할 틈이 없다. 이런 귀중한 문화유산을 무료로 관람할 수 있는 꿀팁이 있다. 매달 첫 번째 일요일은 우피치 미술관과 콜로세움을 비롯하여 480여개의 국립 박물관이나 미술관, 유적지, 궁전, 정원 등의 관광 명소에 무료로 입장이 가능하다. 2014년 이탈리아 정부는 "일요일은 박물관에서"라는 슬로건을 내세워 매달 첫 번째 일요일을 문화의 날로 지정하는데 동참했다. 그러나 모든 박물관과 미술관이 매달 무료입장을 허용하는 것은 아니니 방문 전에 이탈리아 문화부 사이트에서 미리 확인하는 게 좋다.

http://www.beniculturali.it/ 이곳에 들어가면 뮤지엄 데이에 무료로 입장이 가능한 장소를 도시별로 열람할 수 있다.

7

서비스 이용

은행

우체국

담배가게

Posteitaliane
3

Bancario 무엇을 도와드릴까요?

Posso aiutarLa?

뽀쏘 아이우따를라

Cliente 계좌를 개설하고 싶어요.

Vorrei aprire un conto.

보레이 아쁘리레 운 꼰또

Bancario 어떤 계좌를 원하세요?

Che tipo di conto vorrebbe?

께 띠뽀 디 꼰또 보렙베

Cliente GIOVANI가 뭔가요?

Che cos'è GIOVANI?

께 꼬세 조바니

Bancario 30살 이하의 청년들이 사용할 수 있는 계좌에요. 비용, 즉 계좌유지비용이 완전히 무료에요. 게다가 BNL ATM기 어디에서나 무료로 인출이 가능해요.

È un conto corrente per i giovani sotto 30 anni. Questo conto è a canone zero, dunque la gestione è totalmente gratuita. Inoltre avrà prelievi gratuiti dai bancomat BNL ovunque.

에 운 꼰또 꼬렌떼 뻬르 이 죠바니 소또 뜨렌따 안니. 꿰스또 꼰또 에 아 까노네 제로, 둔꿰 라 제스띠오네 에 또딸멘떼 그라뚜이따. 인올뜨레 아브라 쁘레리에비 그라뚜이띠 다이 방꼬마뜨 비엔네엘레 오분꿰

Cliente 좋아요. 제가 찾던 것이에요.

Perfetto, è quello che cercavo.

뻬르페또, 에 꿸로 께 체르까보

Bancario

그러면… 이 서류를 작성해 주시겠어요? 그리고 신분증과 체류허가증을 주세요.

Allora ... Può per favore riempire questo modulo? E posso avere un suo documento e il permesso di soggiorno?

알로라... 뿌오 뻬르파보레 리엠삐레 퀘스또 모둘로? 에 뽀쏘 아베레 운 수오 도꾸멘또 에 일 뻬르메쏘 디 소죠르노

Cliente

네. 여기 있습니다.

Certo. Eccoli.

체르또. 에꼴리

Bancario

여기 서명하시면 완료됩니다.

Se firma qui, è tutto.

세 피르마 뀌. 에 뚜또

---

aiutare 아이우따레 돕다
aprire 아쁘리레 열다
conto corrente 꼰또 꼬렌떼 계좌
giovane 죠바네 청년
totalmente 토딸멘떼 완전히
gratuito 그라뚜이또 무료
inoltre 인올뜨레 게다가
avrà 아브라 가지다 (avere 동사의 미래 3인칭 단수)
bancomat 방꼬마뜨 ATM기, 직불카드
cercavo 체르까보 찾다 (cercare 동사의 비완료동사 1인칭 단수)
quello che ... 뀁로 께 ~ 한 것
riempire 리엠삐레 채우다, 기입하다
modulo 모둘로 양식
permesso di soggiorno 뻬르메쏘 디 소죠르노 체류허가증
firmare 피르마레 서명하다

• 은행 계좌개설

이탈리아에서 체류허가증을 발급받고 3개월 이상 머무를 생각이라면 현지 계좌(conto corrente: 꼰또 꼬렌떼)를 개설하여 현금을 관리하는 것이 좋다. 계좌 개설 시 여권, 체류허가증, codice fiscale (코디체 피스칼레: 납세번호), 학교 등록증이 필요하다. 계좌 개설과 동시에 온라인, 오프라인에서 모두 사용가능한 직불 카드를 발급받을 수 있어 언제 어디서든 편리하게 사용할 수 있는 이점이 있다. 또한, 어플리케이션을 이용해 거래 내역이나 계좌이체 등을 이용할 수 있다. 다만, 카드 비밀번호와 인터넷 뱅킹 비밀번호는 본인이 원하는 대로 지정할 수 없고 카드가 들어있는 봉투 안에 동봉되어 있다. 그리고 이탈리아 은행에서 계좌 개설하면 매달 계좌 유지비를 지불해야 한다. 유지비는 은행마다 차이가 있지만 학생들에게는 할인이나 면제 혜택을 제공하는 프로모션이 많다.

유용한 회화 표현

7-2.mp3

Vorrei aprire un conto.	계좌를 개설하고 싶어요.
Vorrei fare un prelievo.	현금인출을 하고 싶어요.
Vorrei trasferire del denaro su questo conto.	이 계좌로 이체를 하고 싶어요.
Mi dia banconote da 50 euro.	50유로 짜리로 주세요.
Può dirmi il mio saldo?	잔액이 얼마인지 말씀해 주시겠어요?
Posso avere l'estratto conto?	거래명세서를 주시겠어요?
Qual è il tasso d'interesse di questo conto?	이 계좌의 이자는 얼마나 되나요?
Qual è il tasso di cambio per gli euro?	유로 환율이 어떻게 되나요?
Dov'è il bancomat più vicino?	가장 가까운 ATM기가 어디 있나요?
Il bancomat si è bloccato.	ATM기가 멈췄어요.
Il bancomat non mi ridà la carta!	ATM기에서 카드가 나오지 않아요!
Ho digitato il codice sbagliato tre volte.	비밀번호를 세 번 틀렸어요.
Ho dimenticato il codice PIN della mia carta.	카드 비밀번호를 잊어버렸어요.

어휘 플러스

동전	**moneta** 모네따
지폐	**banconota** 방꼬노따
입금	**versamento** 베르사멘또
인출	**prelievo** 쁘렐리에보
환전	**cambio** 깜비오
직불카드	**bancomat** 방꼬마뜨
ATM	**sportello bancomat** 스뽀르뗄로 방코마트
유효기간	**scadenza** 스까덴짜
이자	**interessi** 인떼레씨
대출	**mutuo** 무뚜오
카드를 삽입하시오.	**Inserire la carta.** 인세리레 라 까르따
비밀번호를 누르세요.	**Inserire il PIN.** 인세리레 일 핀
기다려주세요.	**Attendere prego.** 아뗀데레 쁘레고
영수증을 받으시겠어요?	**Desidera la ricevuta?** 데지데라 라 리체부따
카드를 받으세요.	**Ritirare la carta** 리띠라레 라 까르따
확인	**Invio** 인비오
취소	**Annulla** 안눌라

ATM 이용하기

은행에 가지 않더라도 ATM(현금자동입출금기)를 이용하여 손쉽게 금융거래를 할 수 있다. 이탈리아에서는 현금자동입출금기를 Bancomat(방꼬마뜨)라고 부르며 보통은 은행 외부에 설치되어 있다. 대부분 입금(Versamento: 베르사멘또), 출금(Prelievo: 쁘레리에보), 잔액 확인 및 거래 내역(Saldo e movimento: 살도 에 모비멘토), 계좌이체(Invio Denaro: 인비오 데나로) 혹은 휴대폰 충전이나 인터넷 요금을 납부할 수 있는 충전(Ricariche: 리까리께) 기능이 있다. 그러나 이탈리아인들은 ATM을 거의 출금용으로 사용하고 있어 입금이나 계좌이체 기능이 포함되어 있지 않은 곳도 많다.

Cliente

이 소포를 한국으로 보내고 싶어요.

Vorrei spedire questo pacco in Corea.

보레이 스뻬디레 퀘스또 빠꼬 인 코레아

Impiegato

이 양식을 작성해주세요. 일반우편과 빠른우편 중 어떤 것을 원하세요?

Ecco il modulo da compilare. Lo vuole spedire con la posta normale o veloce?

에꼬 일 모둘로 다 꼼삘라레. 로 부올레 스뻬디레 꼰 라 뽀스따 노르말레 오 벨로체

Cliente

일반우편으로 보내면 시간이 얼마나 걸리나요?

Con la posta normale quanto tempo ci mette?

꼰 라 뽀스따 노르말레 꽌또 뗌뽀 치 메떼

Impiegato

평일 기준으로 8일 걸리고 세관 절차를 거치는 시간도 필요합니다.

Servono otto giorni lavorativi, più quelli di espletamento delle formalità doganali.

세르보노 오또 죠르니 라보라띠비, 삐우 퀠리 디 에스쁠레따멘또 델레 포르말리따 도가날리

Cliente

아, 그러면, 일반 우편 괜찮아요.

Ah allora la spedizione normale va benissimo.

아 알로라 라 스뻬디찌오네 노르말레 바 베니씨모

Impiegato

수령 알림을 받으시겠어요? 추가요금 1유로 50센트를 내시면 됩니다.

Vuole ricevere l'avviso di ricevimento? Il costo da aggiungere è di 1,50 euro.

부올레 리체베레 라비소 디 리체비멘또? 일 꼬스또 다 아쥰제레 에 디 운 에우로 에 칭꽌따

Cliente

네, 좋아요. 요금이 얼마죠?

Sì, bene. Quanto Le devo?

씨, 베네. 꽌또 레 데보

Impiegato

총 45유로 입니다.

Allora in tutto sono 45 euro.

알로라 인 뚜또 소노 꽈란따칭꿰 에우로

---

spedire 스뻬디레 보내다

pacco 빠꼬 소포

compilare 꼼삘라레 기입하다

posta 뽀스따 우편

normale 노르말레 정상의, 보통의

veloce 벨로체 빠른

metterci 메떼르치 (시간이)~ 걸리다

servire 세르비레 필요하다

giorno lavorativo 죠르노 라보라띠보 평일

espletamento 에스쁠레따멘또 절차 완료

spedizione 스뻬디찌오네 발송

ricevimento 리체비멘또 수령

aggiungere 아쥰제레 추가하다

dovere 도베레 (금액) 빚을 지다, 갚다

생생 여행 *Tip*

• 우체국 소포 부치기

여행 중 늘어난 짐이 주체가 되지 않을 경우 우체국 국제택배를 이용해 한국으로 보낼 수 있다. 이탈리아의 우체국(Poste italiane)에서 최대 20kg까지의 소포를 전 세계로 배송해 준다. 규격은 최대 가로 길이 105cm, 가로+세로+높이의 합이 2m를 넘지 않아야 한다. 요금은 지역에 따라 상이하다. 우리나라는 Zona 3에 속하며 무게별로 가격은 다음과 같다. 배송 기간은 EU국가의 경우 10~15일 정도 걸리고 비EU국가인 경우는 10~25일에 세관 통과 및 국내배송 기간이 더해져 최대 한 달이 걸린다.

Zone Tariffarie	1 kg	3 kg	5 kg	10 kg	15 kg	20 kg
Zona 1	24	29	32	42	47	57
Zona 2	26	32	37	52	62	78
Zona 3	28	34	42	54	68	83
Zona 4	30	36	45	60	75	90
Zona 5	34	42	51	71	102	123
Zona 6	42	47	56	91	127	173
Zona 7	28	34	42	55	70	87
Zona 8	24	27	32	46	50	62

유용한 회화 표현

7-4.mp3

Vorrei spedire questo pacco in Corea.	이 소포를 한국에 보내고 싶어요.
Lo vuole spedire con la posta ordinaria o celere?	일반우편과 빠른우편 중 어느것으로 보내겠습니까?
Qual è la destinazione?	어디로 보내십니까?
Vuole spedirlo per via aerea o via nave?	항공으로 부치시겠어요? 배로 부치시겠어요?
Potrei avere un francobollo di posta ordinaria?	일반우편 우표를 주시겠어요?
Quanto costerà mandare questa lettera in Corea?	이 편지를 한국에 보내는 데 가격이 얼마나 될까요?
Vorrei spedire questa lettera raccomandata con ricevuta di ritorno.	등기우편을 보내고 싶어요.
Può metterlo sulla bilancia, per favore?	저울에 올려주시겠어요?
Contiene cose fragili?	취급주의 품목이 들어있나요?
Vorrei spedire dei soldi in Corea.	한국으로 송금하고 싶어요.
Vorrei pagare l'abbonamento TV.	TV 수신료를 납부하고 싶어요.
Dov'è la buca delle lettere?	우체통이 어디 있나요?

어휘 플러스

우체국	ufficio postale 우피쵸 뽀스딸레
등기 우편	lettera raccomandata 레떼라 라꼬만다따
우편엽서	cartolina postale 까르똘리나 뽀스딸레
항공우편	posta aerea 뽀스따 아에레아
우표	francobollo 프란꼬볼로
우체통	cassetta postale / buca delle lettere 까세따 뽀스탈레 / 부까 델레 레떼레
집배원	postino 뽀스띠노
창구	sportello 스뽀르뗄로
발송인	mittente 미뗀떼
수신인	destinatario 데스띠나따리오
주소	indirizzo 인디리쪼
우편번호	codice postale 꼬디체 뽀스딸레
축하카드	biglietti d'auguri 빌리에띠 다우구리
크리스마스카드	cartoline di Natale 까르똘리네 디 나딸레
편지봉투	busta 부스따
소포용 쿠션 봉투	busta imbottita 부스따 임보띠따
일반 우편	posta ordinaria 뽀스따 오르디나리오
특급 우편	posta prioritaria 뽀스따 쁘리오리따리아

이탈리아가 궁금해

바티칸 우체국

세계에서 가장 작은 나라 바티칸 시국은 이탈리아의 로마시내에 위치하고 있는 가톨릭 교황국이다. 바티칸에는 웅장한 종교 건축물과 르네상스 예술 거장들의 작품 외에도 독특함을 자랑하는 것이 있다. 노란색 우체통이 인상적인 바티칸 우체국이다. 바티칸 중앙 우체국은 포르타 산탄나(Porta Sant'Anna) 입구에서 100여 미터 떨어진 곳에 위치하며 이 외에 3개의 지점과 산 피에트로 광장 좌측에 이동식 우체국이 마련되어 있다. '바티칸 우체국에서 엽서보내기'는 많은 여행객들의 버킷리스트 중 하나로 꼽힌다. 세상에서 가장 작은 우체국이지만 매우 신속하고 정확한 배송을 자랑한다고 한다. 마음에 드는 엽서를 골라 역대 교황의 모습이 담긴 우표를 붙이고 우체통에 넣으면, 약 2주 뒤 바티칸 시국의 소인이 찍힌 우편이 날라 온다. 낯선 곳에서 보낸 엽서 한 장이 추억이 담긴 굉장한 기념품이 되는 순간이다.

Tabaccaio

무엇을 드릴까요?

Desidera?

데지데라

Cliente

담배 한 갑과 라이터 주세요.

Vorrei un pacchetto di sigarette e un accendino.

보레이 운 빠께또 디 시가레떼 에 운 아첸디노

Tabaccaio

여기 있어요. 다른 게 더 필요한가요?

Ecco qui. Nient'altro?

에꼬 뀌. 니엔딸뜨로

Cliente

버스 티켓 한 장 주세요.

Mi serve anche un biglietto dell'autobus.

미 세르베 앙께 운 빌리에또 델라우또부스

Tabaccaio

시내버스와 광역버스 티켓 중 어떤 걸 드릴까요?

Per l'autobus urbano o extraurbano?

빼르 라우또부스 우르바노 오 엑스트라우르바노

Cliente

모르겠네요. 어떤 차이가 있죠?

Non so. Che differenza c'è?

논 소. 께 디페렌짜 체

Tabaccaio

시내버스 티켓으로는 도시 내로만 이동가능하고 광역버스 티켓으로는 도시 외곽으로도 이동할 수 있어요.

Con il biglietto urbano può viaggiare solo in città, invece con quello extraurbano può viaggiare anche fuori città.

꼰 일 빌리에또 우르바노 뿌오 비아쟈레 솔로 인 치따, 인베체 꼰 꿸로 엑스트라우르바노 뿌오 비아쟈레 앙께 푸오리 치따

Cliente

음… 광역버스 티켓으로 주세요.

Uhm... Allora mi serve quello extraurbano.

음… 알로라 미 세르베 꿸로 엑스트라우르바노

---

pacchetto 빠께또 갑, 곽
accendino 아첸디노 라이터
sigaretta 시가레따 담배
urbano 우르바노 도시의
extraurbano 엑스트라우르바노 외곽의
differenza 디페렌짜 차이
c'è 체 있다 (there is)
viaggiare 비아쟈레 여행하다
fuori 푸오리 밖, 외부

생생 여행 *Tip*

• 상점 영업시간

이탈리아의 상점의 영업시간은 모두 같지 않다. 대부분의 상점은 13시부터 16시(혹은 15시 30분, 16시30분)까지 점심 브레이크 타임을 갖는다. 그리고 지역마다 다르지만 월요일은 휴점을 하거나 오후부터 문을 여는 곳도 있다. 여름에는 문 닫힌 상점 문 앞에 "chiusura per ferie(휴가중)"라고 적힌 안내문을 자주 볼 수 있다.

특히, 8월에는 많은 이탈리아 사람들이 적어도 일주일가량 휴가를 떠나기 때문이다. 그러나 대형 쇼핑몰이나 대형 마트 같은 경우는 특별한 공휴일이나 정해진 휴점일을 제외하고 일주일 내내 열려 있거나 점심 브레이크 타임 없이 종일 orario continuato(8:00/9:00~20:00/21:00) 운영되는 경우도 있다.

많은 관광객들이 몰리는 관광지에서는 종일 시간표로 운영되는 곳이 많지만 여러 지역에서는 저녁 8시 반을 전후해서 상점들이 문을 닫는다. 특히, 이탈리아에는 24시간 편의점을 찾아 볼 수 없기 때문에 마트 시간을 꼭 체크해서 장을 봐두어야 한다. 이탈리아를 여행할 때에는 방문하려고 하는 상점의 영업시간을 미리 확인하고 허탕 치는 일이 없도록 주의해야 한다.

https://www.pinterest.co.kr/pin/79516749652194172

유용한 회화 표현

7-6.mp3

Desidera?	무엇을 도와드릴까요?
Vorrei un biglietto dell'autobus.	버스 표 한 장 주세요.
Che cosa le serve?	무엇이 필요하신가요?
C'è una fermata dell'autobus qui vicino?	이 근처에 버스정류장이 있나요?
Vorrei un francobollo per una cartolina per l'Asia.	아시아로 보낼 엽서에 붙일 우표 한 장 주세요.
Quanto costa un francobollo per la posta aerea?	항공 우편용 우표는 얼마인가요?
Vorrei una scheda telefonica.	전화카드 한 장 주세요.
Vorrei ricaricare il credito telefonico.	휴대폰 요금을 충전하고 싶습니다.
Vorrei un pacchetto di sigarette.	담배 한 갑 주세요.
Che marca di sigarette vuole?	어떤 브랜드의 담배를 드릴까요?
Nient'altro?	더 필요한 건 없나요?
No, grazie. Va bene così.	아니요, 고맙습니다. 이거면 됐어요.
La tabaccheria apre alle 8 e chiude alle 19:30.	담배 가게는 8시에 문을 열고 저녁 7시 30분에 문을 닫는다.

어휘 플러스

담배가게	**tabaccheria** 따바께리아
담배가게 주인 (여)	**tabbacaia** 따바까이아
담배가게 주인 (남)	**tabaccaio** 따바까이오
라이터	**accendino** 아첸디노
담배 한 갑	**un pacchetto di sigarette** 운 빠께또 디 시가레떼
성냥	**fiammiferi** 피암미페리
그림엽서	**cartolina illustrata** 까르똘리나 일루스뜨라따
편지지	**carta da lettere** 까르따 다 레떼레
편지봉투	**buste per lettere** 부스떼 뻬르 레떼레
복권	**biglietto della lotteria** 빌리에또 델라 로떼리아
버스표	**biglietto dell'autobus** 빌리에또 델라우또부스
전화카드	**scheda telefonica** 스께다 뗄레포니까
문구용품	**articoli di cancelleria** 아르띠꼴리 디 깐첼레리아
인지	**marca da bollo** 마르까 다 볼로
우표	**francobollo** 프랑꼬볼로
소포를 보내다	**spedire pacchi** 스뻬디레 빠끼
기념품	**souvenir** 수베니르
우산	**ombrello** 옴브렐로

버스 시간표 읽기

이탈리아의 버스는 기차에 비해 비교적 정시에 도착하는 편이다. 기차역 정류장과 같이 버스 도착시간이 전광판에 표시되는 곳도 있지만 대부분의 정류장에는 전체시간표가 부착되어 있다. 이탈리아의 모든 대중교통은 하계와 동계로 시간표가 나뉘고 평일과 주말 시간표도 따로 있다. 휴가철에는 운행하지 않는 노선이 있기 때문에 정류장에서 오지 않는 버스를 무작정 기다리는 낭패는 피해야 한다. 이탈리아 버스에도 시내노선(urbano)과 외곽으로 나가는 광역노선(extraurbano)의 개념이 존재한다. 당연히 요금도 다르기 때문에 행선지를 밝히고 구매하는 것이 안전하다. 버스표는 곳곳의 담배가게(Tabacchi)나 거리의 신문 가판대에서 구매 할 수 있다. 이외에도 버스 기사에게 직접 구매하거거나 휴대폰 문자 서비스로도 구매가능하다. 하지만 원래 가격보다 조금 비쌀 수 있다. 일반 시내 노선은 도시마다 차이가 있지만 평균적으로 1.5유로이고 광역노선은 3.5유로정도이다. 최근에는 충전식 교통카드가 도입되어 더욱 편리하게 버스를 이용할 수 있게 되었다.

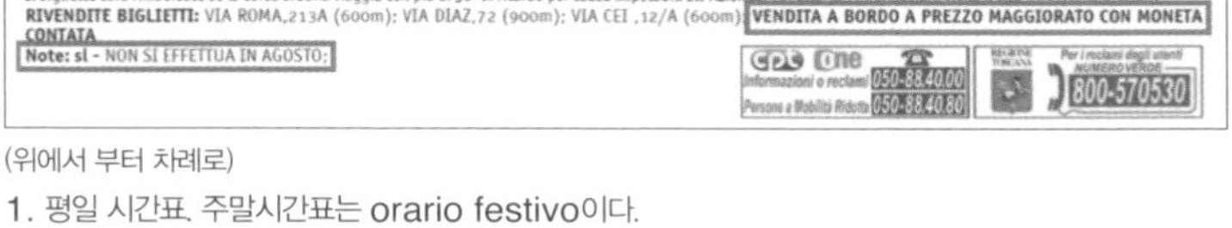

cpt One
www.pisa.cttnord.it
Fermata n. 3050
Valido dal: 10/09/18

INVIA UN SMS E SALI A BORDO!
biglietto urbano 70 min. acquistabile inviando un SMS al 4883882 e digitando PONTEDERA al prezzo di 1,50€ (+costo SMS)

REGIONE TOSCANA

PARK CIMITERO

ORARIO FERIALE

B

park cimitero-piazza Garibaldi

park Cimitero – via De Gasperi – p.za Garibaldi – via IV novembre – via Roma (ospedale) – park Cimitero

ORE	5	6	7	8	9	10	11	12	13	14	15	16	17	18	19	20	21
MINUTI			40sl	00sl 20sl 40sl	00sl 30sl	00sl 30sl	00sl 30sl	00sl 30sl 50sl	10sl 30sl	00sl 30sl	00sl 30sl	00sl 20sl 40sl	00sl 30sl	00sl 30sl	00sl 30sl 50sl	10sl	

Il biglietto sarà rimborsato se la corsa urbana viaggia con più di 30' di ritardo per cause imputabili all'Azienda. Per ulteriori informazioni visita il sito www.cttnord.pisa.it
RIVENDITE BIGLIETTI: VIA ROMA,213A (600m); VIA DIAZ,72 (900m); VIA CEI ,12/A (600m); VENDITA A BORDO A PREZZO MAGGIORATO CON MONETA CONTATA
Note: sl - NON SI EFFETTUA IN AGOSTO;

cpt One Informazioni o reclami 050-88.40.00
Persone a Mobilità Ridotta 050-88.40.80
REGIONE TOSCANA Per i reclami degli utenti NUMERO VERDE 800-570530

(위에서 부터 차례로)

1. 평일 시간표. 주말시간표는 orario festivo이다.
2. park cimitero와 piazza Garibali 사이를 오가는 노선
3. 버스기사에게 표를 구매할 경우 추가 금액이 붙는다.
   거스름돈을 받지 못 할 수 있으니 정확한 금액을 지불해야한다.
4. 8월에는 운행하지 않는다. (숫자 옆에 sl이 적혀 있는 시간에는 운행 안함)

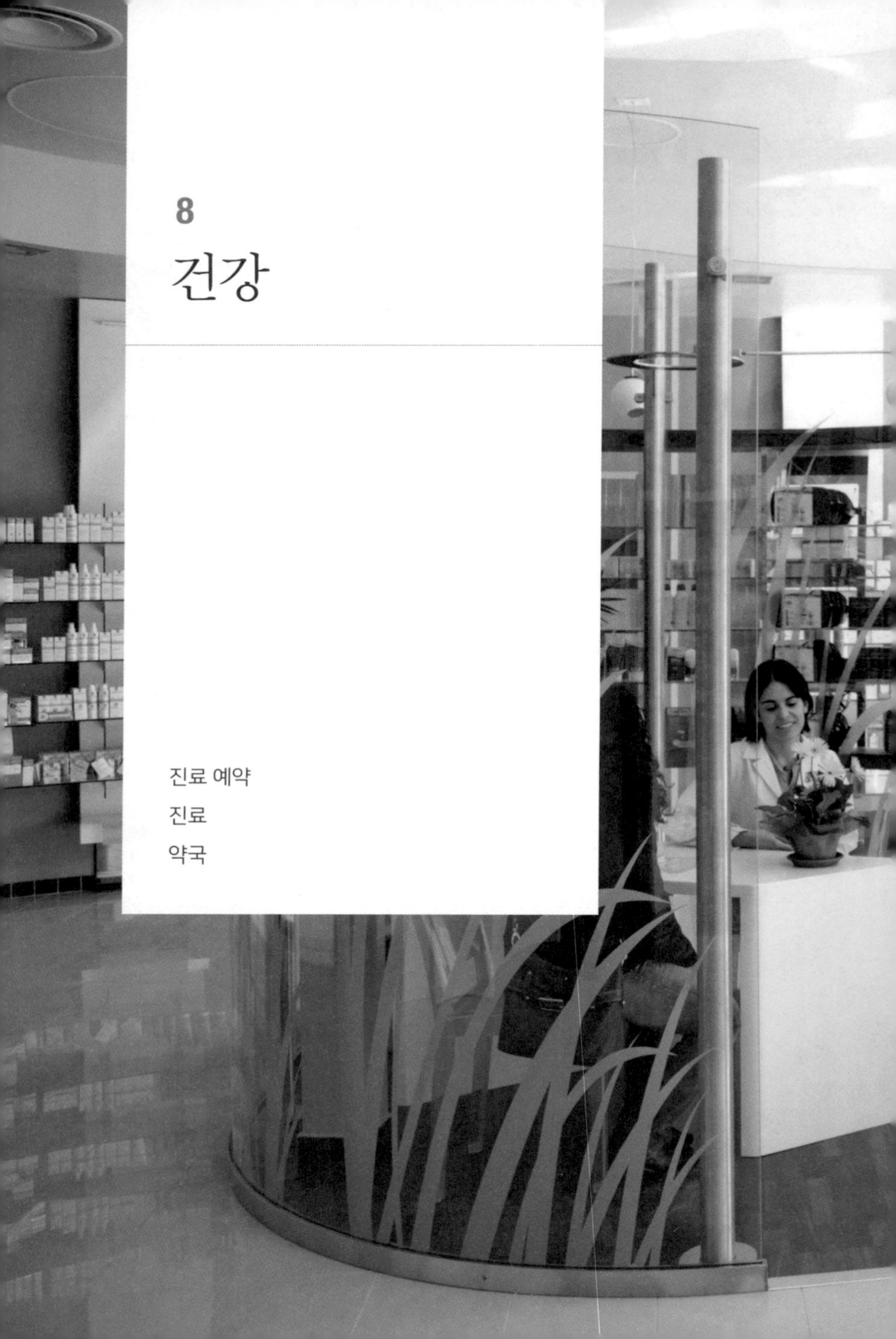

8
건강

진료 예약

진료

약국

Somatoline

Infermiera

어서오세요. 어떻게 오셨죠?

Buongiorno. Prego?

부온죠르노. 쁘레고

Cliente

6월 15일에 안과 예약을 하고 싶어요.

Vorrei prenotare una visita oculistica per il 15 giugno.

보레이 쁘레노따레 우나 비지따 오꿀리스띠까 뻬르 일 뀐디치 쥬뇨

Infermiera

한번 볼게요… 죄송하지만 한 달 뒤인 7월 10일에나 예약할 수 있으세요.

Vediamo… Purtroppo c'è un posto disponibile solo tra un mese, il 10 luglio.

베디아모... 뿌르뜨로뽀 체 운 뽀스또 디스포니빌레 솔로 뜨라 운 메제, 일 디에치 룰리오

Cliente

그 전에는 불가능한가요?

Prima non è possibile?

쁘리마 논 에 뽀씨빌레

Infermiera

죄송합니다만 7월 9일까지는 예약이 꽉 차있어요.

Mi dispiace, ma fino al 9 luglio è tutto occupato.

미 디스삐아체, 마 피노 알 노베 룰리오 에 뚜또 오꾸빠또

Cliente

어쩔수 없네요. 7월 10일로 할게요. 어떤 서류가 필요한가요?

Allora pazienza. Verrò il 10 luglio. Quali documenti servono?

알로라 빠찌엔짜. 베로 일 디에치 룰리오. 꽐리 도꾸멘띠 세르보노

Infermiera

의료보험증과 주치의 소견서가 필요합니다.

Il libretto sanitario e la prescrizione del suo medico di base.

일 리브레또 사니따리오 에 라 쁘레스끄리찌오네 델 수오 메디꼬 디 바세

---

prenotare 쁘레노따레 예약하다
oculistico 오꿀리스띠꼬 눈의, 안과의
tra 뜨라 ~ 뒤에, 후에
mese 메제 달
prima 쁘리마 ~ 이전
possibile 뽀씨빌레 가능한
occupato 오꾸빠또 바쁜, (예약 등) 꽉 찬
pazienza 파찌엔짜 인내심
verrò 베로 오다 (venire 동사의 미래 1인칭 단수)
Quale 꽐레 어떤
libretto sanitario 리브레또 사니따리오 의료보험증
medico di base 메디꼬 디 바세 주치의

생생 여행 Tip

• 이탈리아 의료보험

이탈리아는 OECD 국가 중 의료보험 2위의 국가로 세계적으로 우수한 의료복지 시스템을 자랑한다. 국민의료보험(SSN: Sistema Sanitario Nazionale)은 자국민은 물론 합법적으로 거주하는 외국인들에게도 의료권을 보장하고 있다. 이탈리아의 국민의료보험 시스템은 가정의, 소아과(14세 이하), 지속의료서비스, 병원(응급실 포함), 지방의료시설을 포함한다. 이탈리아에서 취업 비자로 체류허가증을 발급받게 될 경우 반드시 의료보험에 가입해야 한다. 학생의 경우는 INA(사설보험)으로 대체할 수 있다. 국민의료보험에 가입을 했다면 가까운 지역의료보험공단 사무실에 방문하여 의료보험카드(Tessera Sanitaria)를 발급받고 거주지와 가까운 곳에서 상주하는 가정의를 선택하여 의료혜택을 받을 수 있다.

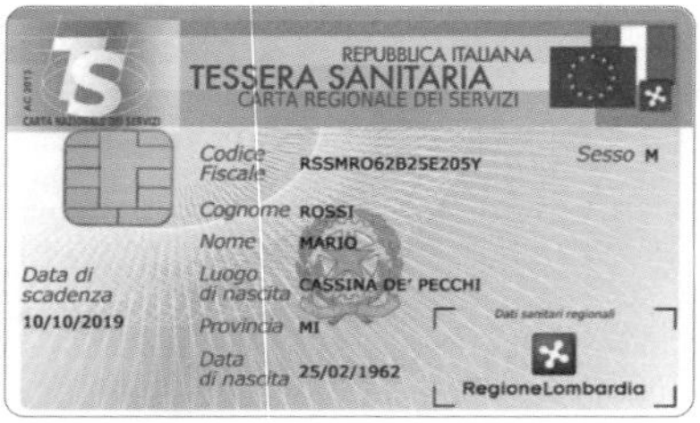

유용한 회화 표현

8-2.mp3

Posso prenotare una visita?	검진 예약할 수 있나요?
Mi dispiace, è tutto occupato.	죄송하지만, 예약이 모두 찼습니다.
Purtroppo non c'è un posto disponibile per quel giorno.	안타깝게도 그날에는 예약 가능한 시간이 없네요.
Quando posso venire?	언제 진료를 받을 수 있나요?
Vorrei prendere un appuntamento con il dottor Alfieri.	알피에리 선생님과 진료예약을 잡고 싶습니다.
Il lunedì è il suo giorno di riposo.	월요일은 그의 휴진일 입니다.
Avete dei dottori che parlano inglese?	영어를 할 줄 아는 의사선생님이 있나요?
Ho prenotato una visita oculistica per il 20 maggio.	5월 20일 안과예약을 했습니다.
Posso spostare l'appuntamento?	예약을 변경해도 될까요?
Ha la Tessera Sanitaria Europea?	유럽 의료보험증을 가지고 있나요?
No, ho una assicurazione medica privata.	아니요, 저는 사설보험에 가입되어 있어요.

어휘 플러스

병원	ospedale 오스뻬달레
의사	dottore 도또레
간호사	infermiere 인페르미에레
환자	paziente 빠찌엔떼
병	malattia 말라띠아
x-ray	radiografia 라디오그라피아
주치의	medico di base 메디꼬 디 바세
의료보험증	libretto sanitario 리브레또 사니따리오
약	farmaco 파르마꼬
검사	analisi 아날리시
처방전	ricetta 리체따
소아과의사	pediatra 뻬디아뜨라
피부과의사	dermatologo 데르마똘로고
정형외과의사	ortopedico 오르또뻬디꼬
심장병전문의	cardiologo 까르디올로고
입원	ricovero in ospedale 리꼬베로 인 오스뻬달레
응급실	pronto soccorso 쁘론또 소꼬르소
전문의 진료	visite specialistiche 비지떼 스뻬치알리스띠께
구급차	ambulanza 암불란짜

이탈리아가 궁금해

Salute!

일반적으로 이탈리아 사람들은 주위에 있는 누군가가 재채기를 할 경우 건강이라는 뜻의 "Salute!(살루떼)"라고 응답해준다. 이러한 관습의 유래는 치명적인 전염병이 자주 창궐하던 시대인 중세로 거슬러 올라간다. 특히, 흑사병의 초기 증상이 재채기였고, 당시 누군가 재채기를 할 경우 습관적으로 "Salute"라고 건강을 기원하는 말을 해주었던 것이 현재까지 이어지고 있다. 반대로, 여러 사람 앞에서 재채기를 한 사람은 즉시 사과의 표현을 하는 것이 예의이다. 위와 같은 표현 외에도 "Salute"는 술자리에서 건배의 의미로 사용된다. 정확한 표현은 "Alla salute!(알라 살루테)로 '건강을 위하여' 정도로 볼 수 있다.

Medico 어쩌다 다치셨어요?

Che cos'è successo?

께 꼬세 수체쏘

Paziente 계단에서 넘어졌어요. 발목이 아파요. 많이 붓고 걷기가 힘들어요.

Sono caduto dalla scala. Mi fa male la caviglia, è molto gonfia e cammino con difficoltà.

소노 까두또 달라 스깔라. 미 파 말레 라 까빌랴, 에 몰또 곤피아 에 깜미노 꼰 디피꼴따

Medico 여기에 통증이 있나요?

Le fa male in questo punto?

레 파 말레 인 꿰스또 뿐또

Paziente 네, 많이 아프네요. 심각한 건 아니였으면 좋겠어요.

Sì, molto. Spero non sia nulla di serio.

씨, 몰또. 스뻬로 논 시아 눌라 디 세리오

Medico 발목 골절이네요. 깁스를 해드릴게요.

La sua caviglia è fratturata. Adesso Le mettiamo il gesso.

라 수아 까빌랴 에 프라뚜라따. 아데쏘 레 메띠아모 일 제쏘

Paziente 얼마나 하고 있어야 하죠? 진통제도 주시겠어요?

Per quanto tempo devo portarlo? E cosa posso prendere contro il dolore?

뻬르 꽌또 뗌뽀 데보 뽀르따를로? 에 꼬사 뽀쏘 쁘렌데레 꼰뜨로 일 돌로레

Medico

2주간 하셔야 하고 약을 처방해드릴게요. 하루에 한 알을 드세요.

Bisogna portarlo per due settimane e Le prescrivo queste pillole. Ne prenda una al giorno.

비소냐 뽀르따를로 뻬르 두에 세띠마네에 레 쁘레스끄리보 꿰스떼 필롤레. 네 쁘렌다 우나 알 죠르노

Paziente

감사합니다. 안녕히 계세요.

Grazie. Arrivederci.

그라찌에. 아리베데르치

è successo 에 수체쏘 일어나다, 발생하다 (succedere 동사의 완료과거 3인칭 단수)

sono caduto 소노 까두또 넘어지다 (cadere 동사의 완료과거 1인칭 단수)

fa male 파 말레 아프다

caviglia 까빌랴 발목

gonfia 곤피아 부은

camminare 깜미나레 걷다

difficoltà 디피꼴따 어려움

sperare 스뻬라레 바라다

serio 세리오 심각한, 진지한

fratturato 프라뚜라또 부러진

gesso 제쏘 석고, 깁스

dolore 돌로레 고통

prescrivere 쁘레스끄리베레 처방하다

pillola 필롤라 알약

al giorno 알 죠르노 하루에

• 병원이용

이탈리아 국민의료보험 가입자는 몸이 아픈 경우 일단 가정의를 방문해야 한다. 그러나 먼저 가정의 진료소에 진료예약을 하고 방문해 진료를 받는 순서이다. 가정의의 진료와 처방은 모두 무료이다. 처방전을 발급받은 경우에는 약국에서 해당 약품을 구매할 수 있다. 전문의에게 진료를 받으려면 가정의의 소견서가 필요하다. 진료비는 'ticket'이라 불리는 기본 진료비만 내면 된다. 가정의 방문이 불가능한 경우 응급치료(20:00~08:00/토요일 10:00~ 월요일 08:00)를 이용할 수 있다. 하계기간 동안 몇몇 지역에서는 '관광객을 위한 응급치료 서비스'를 제공하기도 한다.

유용한
회화 표현

8-4.mp3

Che sintomi ha esattamente?	정확히 어떤 증상이 있나요?
Come si sente?	몸이 어떠세요?
Qual è il problema/Che cosa c'è che non va?	무슨 문제가 있나요?
Ho mal di testa/denti/pancia.	머리/이/배가 아파요.
Ho un problema alla schiena.	허리에 문제가 있어요.
Ho la nausea.	멀미가나요.
Ho la tosse.	기침이나요.
Sento un dolore al petto.	가슴에 통증이 느껴져요.
Mi sono fatto male alle caviglia.	발목을 다쳤어요.
Mi sono rotto un braccio.	팔이 부러졌어요.
Da quando ha questo fastidio?	언제부터 이런 문제가 있었나요?
Ho questo fastidio da circa 2 giorni.	이틀 전부터 그랬어요.
Faccia un po' di movimento.	조금 움직여보세요.
Metta questa pomata prima di andare a dormire.	주무시기 전에 이 연고를 바르세요.
Le prescrivo una visita specialistica.	전문의 진료 소견서를 써드릴게요.
Bisogna fare delle analisi/degli esami.	검사를 해봐야 합니다.
Le do questo medicinale. Lo prenda due volte al giorno.	이 약을 드릴게요. 하루에 두 번 드세요.

어휘 플러스

배	pancia 빤챠
머리	testa 떼스따
위	stomaco 스또마꼬
목	gola 골라
코	naso 나소
귀	orecchio 오레끼오
치아	denti 덴띠
다리	gamba 감바
팔	braccio 브라쵸
심장	cuore 꾸오레
간	fegato 페가또
설사	diarrea 디아레아
소화불량	indigestione 인디제스띠오네
엑스레이	radiografia 라디오그라피아
혈압	pressione sanguigna 쁘레씨오네 상귀냐
맥박	battito cardiaco 바띠또 까르디아꼬
체온	temperatura 뗌뻬라뚜라
환자를 돌보다	curare/assistere i malati 꾸라레/아씨스떼레 이 말라띠
~가 아프다	ammalarsi di 암말라르시 디
건강	salute 살루떼

이탈리아가 궁금해

응급실 이용

응급치료가 필요한 경우 병원 응급실(Pronto soccorso)을 이용하거나 구급차를 요청할 수 있다. 상태가 심각한 경우에 한해서 무료로 치료를 받을 수 있다. 응급실에 도착하면 환자는 중상의 정도에 따라 'codice colore(꼬디체 꼴로레: 색상코드)'라는 선별 코드를 부여받는다. 즉시 치료가 필요한 심장마비나, 출혈 등의 경우에는 레드 코드가 부여되며 그 다음으로는 10~15분내에 치료가 필요한 옐로우, 그리고 생명에 지장이 없는 외상이나 골절의 경우는 그린, 그 다음으로는 화이트이다. 화이트코드는 주치의가 진료를 해도 무방한 경미한 부상이나 감기 증상일 때 부여된다. 이 경우 진료비가 청구될 수 있다.

Farmacista

안녕하세요, 말씀하세요.

Salve, mi dica.

살베, 미 디까

Cliente

감기에 심하게 걸렸어요. 코가 막히고 기침이 심하게 나요. 숨을 제대로 쉴 수가 없어요.

Ho un forte raffreddore. Ho il naso chiuso e una forte tosse. Non riesco a respirare.

오 운 포르떼 라프렛도레. 오 일 나소 끼우소 에 우나 포르떼 또쎄. 논 리에스꼬 아 레스삐라레

Farmacista

알레르기 반응을 보이는 약이 있나요?

È allergico a qualche medicina?

에 알레르지꼬 아 꽐께 메디치나

Cliente

아니요. 아스피린을 몇몇 먹었었는데 이번에는 효과가 없네요.

No. A volte prendo l'aspirina, ma questa volta non ha fatto nessun effetto.

노. 아 볼떼 쁘렌도 라스피리나, 마 꿰스따 볼따 논 아 파또 네쑨 에페또

Farmacista

열이 있나요?

Ha febbre?

아 페브레

Cliente

아니요, 열은 없는 것 같아요.

No, non credo.

노 논 끄레도

Farmacista

그러면 기침을 멈추게 하는 시럽과 코막힘에 좋은 액상을 처방해드릴게요.

Allora Le consiglierei uno sciroppo contro la tosse e delle gocce per il naso chiuso.

알로라 레 꼰실리에레이 우노 쉬로포 꼰뜨로 라 또쎄 에 델레 고체 뻬르 일 나소 끼우소

Cliente

감사합니다. 얼마나 지나야 감기가 나을까요?

Grazie. Quanto tempo ci vorrà perché mi passi il raffreddore?

그라찌에. 꽌또 뗌뽀 치 보라 뻬르께 미 빠씨 일 라프렛도레

Farmacista

이 약들이 증상을 완화시키지만 시간이 걸립니다.

Questi farmaci attenuano i sintomi, ma ci vuole tempo.

퀘스띠 파르마치 아떼누아노 이 신또미, 마 치 부올레 뗌뽀

Cliente

알겠습니다.

Capisco.

까삐스꼬

---

dica 디까 말하다 (dire 동사의 존칭명령)
forte 포르떼 센, 강한
raffreddore 라프렛도레 감기
naso 나소 코
chiuso 끼우소 닫힌, 막힌
tosse 또쎄 기침
riuscire a 리우쉬레 아 ~ 해내다
respirare 레스피라레 숨쉬다
allergico 알레르지꼬 알레르기 반응을 보이는
a volte 아 볼떼 가끔
aspirina 아스피리나 아스피린
effetto 에페또 효과
febbre 페브레 열
consigliare 꼰실리아레 조언하다
sciroppo 쉬로뽀 시럽
goccia 고차 방울
farmaco 파르마꼬 의약품
attenuare 아떼누아레 완화시키다
sintomo 신또모 증상, 징후

생생 여행 Tip

• 약국이용

이탈리아도 의약분업이 되어 있기 때문에 처방전의 유무에 따라 구입할 수 있는 약의 종류가 나뉜다. 감기나 두통 등 가벼운 증상의 경우 의사의 처방전 없이 약사와의 상담만으로도 구입이 가능하다. 이러한 일반 약품을 이탈리아어로 'Farmaco da banco(파르마꼬 다 방꼬)'라고 한다. 약국의 운영시간은 보통 09:00~13:00, 16:00~20:00이며 야간이나 휴일에는 구역별로 순번제를 하거나 특정 약국만 문을 연다.

주요 증상 익혀두기

il raffreddore 감기
il mal di testa 두통
il vomito 구토
la scottatura 화상
il mal di stomaco 복통
la nausea 현기증
la diarrea 설사

유용한 회화 표현

8-6.mp3

Ho qui una ricetta del medico.	여기 처방전이 있습니다.
Avete qualcosa contro la tosse/il mal di gola /le labbra screpolate?	기침/목 통증/튼 입술에 좋은 약 있나요?
Può consigliarmi qualcosa contro il raffreddore?	감기약 있으면 추천해 주시겠어요?
Dottore, mi sento sempre debole e stanca.	의사 선생님, 점점 기운이 없고 피곤해요.
Le do delle vitamine.	비타민을 처방해드릴게요.
Ne prenda venti gocce la mattina in un bicchiere con un po' d'acqua.	물에 20방울 떨어뜨려서 아침마다 드세요.
Prenda questo antidolorifico.	이 진통제를 드세요.
Soffro di indigestione.	소화가 안되요.
Quante pasticche al giorno devo prendere?	하루에 몇 알을 먹어야 하나요?
Posso comprarlo senza ricetta?	처방전 없이 살 수 있나요?
È disponibile solo su ricetta.	처방전이 있어야 구매가능합니다.
Ha degli effetti collaterali?	부작용이 있나요?
Potrebbe provocarle sonnolenza.	졸음을 유발할 수 있습니다.
Dovrebbe evitare di bere alcol.	술 마시는 것을 피하세요.
Non usi il farmaco su bambini e adolescenti al di sotto dei 14 anni.	14세 이하의 유아나 청소년에게 약을 투여하지 마세요.

어휘
플러스

처방전	ricetta medica	리체따 메디까
안약	collirio	꼴리리오
연고	pomata	뽀마따
반창고	cerotto	체로또
체온계	termometro	떼르모메뜨로
알약	compressa / pasticca	꼼쁘레싸/빠스띠까
발포성알약	compressa effervescente	콤쁘레싸 에페르베쉔떼
시럽	sciroppo	쉬로뽀
항생제	antibiotici	안띠비오띠치
진통제	antidolorifici / analgesici	안띠돌로리피치/아날제시치
신경안정제	tranquillanti	뜨란뀔란띠
해열제	antipiretici	안띠삐레띠치
소염제	antinfiammatori	안띤피암마또리
비타민	vitamina	비타미나
부작용	effetti collaterali	에페티 꼴라떼랄리

이탈리아가 궁금해

약 복용법

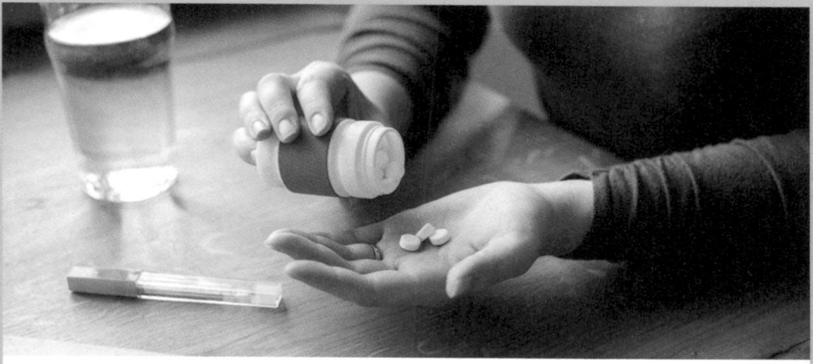

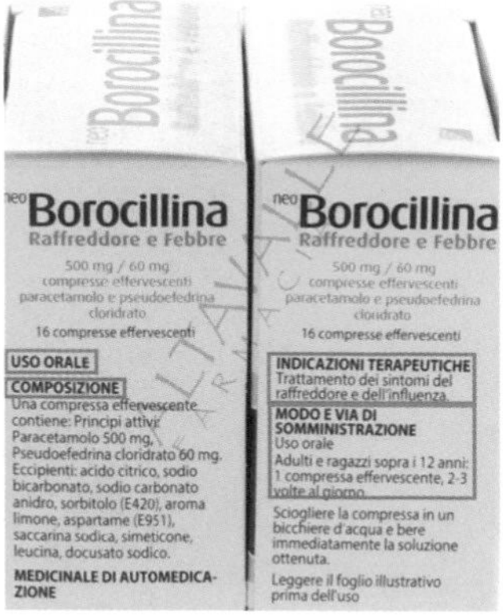

여행 시 갑작스러운 환경변화로 인해 감기에 걸리는 일이 잦다. 비상약을 챙겨갔다면 다행인데 그렇지 않더라도 걱정할 필요 없다. 가벼운 증상의 경우 의사의 처방전 없이 약국에서 구입 가능한 약품들이 많다. 처방받은 약은 올바른 용법과 용량을 알고 복용하는 것이 중요하다. 포장지 겉면에 중요한 복용법이 설명되어 있다.

(왼쪽 위에서 부터 차례로)

Uso orale 복용

Composizione 성분

Indicazioni terapeutiche 효능·효과
– 감기(raffreddore), 독감(influenza)

Modo e via di somministrazione 용법·용량
– 성인 및 12세 이상: 발포성 알약(compressa effervescente) 1알, 하루에 2–3회 복용

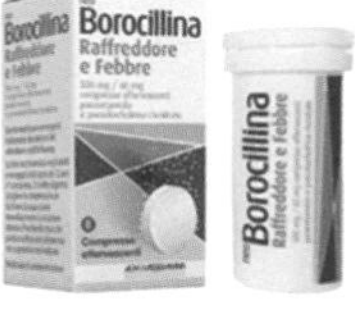

9

돌발 상황

분실물 센터

기차 파업

비행기 지연

Passeggero 기차에 가방을 놓고 내렸어요.

Ho lasciato la mia borsa sul treno.

오 라쉬아또 라 미아 보르사 술 뜨레노

Impiegato 어떤 기차를 이용하셨나요?

Quale treno ha preso?

꽐레 뜨레노 아 쁘레소

Passeggero 오늘 오전 8시30분 밀라노 발 프레치아로싸 9535입니다.

La Frecciarossa 9535 delle 8:30 proveniente da Milano.

라 프레챠로싸 노베칭꿰뜨레칭꿰 델레 오또 에 뜨렌따 쁘로베니엔떼 다 밀라노

Impiegato 좌석 번호를 기억하십니까?

Si ricordil di numero del posto?

시 리꼬르다 일 누메로 델 뽀스또

Passeggero 네, 2호차 11A입니다. 머리 위 선반에 두었습니다.

Sì, il posto è 11A della carrozza 2. Avevo messo la borsa sul ripiano portabagagli.

씨, 일 뽀스또 에 운디치 아 델라 까로짜 두에. 아베보 메쏘 라 보르사 술 리삐아노 뽀르따바갈리

Impiegato 가방의 종류에 대해 상세히 말해주세요.

Mi dica in dettaglio che tipo di borsa è la sua.

미 디까 인 데딸리오 께 띠뽀 디 보르사 에 라 수아

Passeggero

검정색 가죽 서류 가방입니다.

È una valigetta nera di pelle.

에 우나 발리제따 네라 디 뻴레

Impiegato

가방에 중요한 물건이 들어있나요?

Dentro c'è qualcosa di importante?

덴뜨로 체 꽐꼬사 디 임뽀르딴떼

Passeggero

네, 여권이 들어 있습니다. 저는 일주일 뒤에 한국으로 돌아가야 합니다.
제 가방을 발견하거든 연락주세요. 여기 제 전화번호와 호텔 주소입니다.

C'è il mio passaporto. Fra una settimana devo tornare in Corea. Per favore, se viene ritrovata la mia borsa, me lo faccia sapere. Ecco il mio numero di telefono e l'indirizzo dell'albergo.

체 일 미오 빠싸뽀르또. 프라 우나 세띠마나 데보 또르나레 인 꼬레아. 뻬르 파보레, 세 비에네 리뜨로바따 라 미아 보르사. 메 로 파치아 사뻬레. 에꼬 일 미오 누메로 디 뗄레포노 에 린디리쪼 델랄베르고

---

lasciare 라쉬아레 두다, 떠나다, 남기다

treno 뜨레노 기차

ha perso 아 뻬르소 잃다, 놓치다 (perdere의 완료과거 3인칭 단수)

proveniente da 쁘로베니엔떼 다 ~부터 오는

ricordarsi 리꼬르다르시 기억하다

ripiano 리삐아노 선반

in dettaglio 인 데딸리오 상세히

valigetta 발리제따 서류가방

di pelle 디 뻴레 가죽으로 된

dentro 덴뜨로 안에

importante 임뽀르딴떼 중요한

indirizzo 인디리쪼 주소

생생 여행 *Tip*

• 여권 분실

이탈리아 여행 중 여권을 분실한다면 눈앞에 캄캄할 것이다. 특히, 앞으로 여행 일정이 많이 남아 있다면 여행 의욕마저 사라질 것이다. 여권을 분실했을 때는 가까운 현지 경찰서에서 여권분실 증명서를 발급받고, 재외공관에 여권 분실 신고서, 여권 사본, 여권용 사진 2장을 제출해 임시 여권을 발급받는다. 주말에는 재외공관이 문을 열지 않으므로 영사 콜센타를 이용해야 한다. 이탈리아 여행 시에는 소지품 관리에 주의 하여야 하며 여행 전 여권을 복사해두거나 관련 정보를 메모해두는 것도 바람직하다.

- 도움을 받을 수 있는 공관 연락처

주로마 한국대사관(Ambasciata della Repubblica di Corea in Italia)

업무 시간 월–금 09:00–12:30, 14:00–17:00
연락처 +39-06-802461, 비상전화 +39-335-1850-499
주소 Via Barnaba Oriani 30, 00197, Roma (RM)

주밀라노 한국총영사관(Consolato Generale della Repubblica di Corea a Milano)

업무 시간 월–금 09:00–12:00, 14:00–17:00
연락처 +39-02-2906-2641, 비상전화 +39 329-751-1936
주소 Piazza Cavour 3, 20121, Milano (MI)

유용한 회화 표현

9-2.mp3

Dov'è l'ufficio oggetti smarriti?	분실물 센터가 어디있나요?
Ho dimenticato la mia borsa sul treno.	기차에 가방을 두고내렸어요.
Mi hanno rubato il portafoglio.	지갑을 도둑맞았어요.
Avete visto il mio cellulare?	제 휴대폰 못 보셨나요?
Ho trovato questo portafoglio in Via Salvador.	저는 살바도르 길에서 이 지갑을 주웠습니다.
Può riempire questo modulo?	이 양식을 작성해주시겠어요?
Cosa c'è dentro la sua borsa?	가방 안에 뭐가 들어있나요?
Nel portafoglio ci sono dei contanti e la carta di credito.	지갑에는 현금과 신용카드가 있어요.
È stato ritrovato il mio portafoglio?	제 지갑을 찾았나요?
Il suo portafoglio è stato ritrovato.	당신의 지갑을 찾았습니다.
La sua borsa è stata riconsegnata presso il commissariato di Polizia.	당신의 가방은 경찰서에 반환되었습니다.
Grazie per averlo ritrovato.	찾아주셔서 감사합니다.
Manca qualcosa?	없어진 게 있나요?
Non trovo il portafoglio nella borsa.	가방 안에 지갑이 없어요.
No, c'è tutto.	아니요, 전부 있어요.

어휘 플러스

배낭	**zaino** 자이노
지갑	**portafoglio** 뽀르따폴리오
가방	**borsa** 보르사
휴대폰	**cellulare** 첼룰라레
도둑	**ladro** 라드로
분실	**smarrimento** 스마리멘또
도난 신고	**denuncia del furto** 데눈치아 델 푸르또
여권 번호	**numero di passaporto** 누메로 디 빠싸뽀르또
발급	**rilascio** 릴라쇼
분실물 센터	**ufficio oggetti smarriti** 우피쵸 오제띠 스마리띠
도난신고서	**dichiarazione di denuncia del furto** 디끼아라찌오네 디 데눈챠 델 푸르또
소매치기	**borseggiatore** 보르세지아또레
경찰서	**stazione di polizia** 스따찌오네 디 폴리쨔
한국대사관	**Ambasciata coreana** 암바쉬아따 꼬레아나
현금	**contanti** 꼰딴띠
신용카드	**carta di credito** 까르따 디 끄레디또
도와주세요!	**Aiuto!** 아이우또!
도둑이야!	**Al ladro!** 알 라드로!
찾았어요!	**L'ho trovato!** 로 뜨로바또!

이탈리아가 궁금해

분실신고서 작성

각 도시의 경찰서마다 다르기는 하지만 보통 여권이나 주민등록증을 포함한 신분증을 분실하였을 경우 다음과 같은 분실 신고서를 작성하게 된다.

Al Comando di Polizia Locale
via Vittorio Veneto 9
22029 Uggiate-Trevano

❶
Il/la sottoscritto/a ______ nato/a a ______
il ______ residente a ______
via ______ nr. ______ telefono ______
codice fiscale ______

❷
consapevole delle norme di Legge su false informazioni o mendaci dichiarazioni
DENUNCIO che
☐ in data e luogo imprecisato
☐ in Via ______ nel Comune di ______ il giorno ______

SMARRIVO

❸
☐ carta di identità nr. ______ rilasciata da ______
☐ patente di guida nr. ______ rilasciata il ______ da ______
☐ altro ______

❹
Uggiate-Trevano, data ______ il/la denunciante ______

Timbro lineare del Comando

(맨 위에 칸부터 차례대로)

❶ 신고자 이름/출생지
생년월일/주소
길 이름/번지/전화번호
세무 번호

❷ 분실장소가 명확하지 않으면
박스에 체크
분실장소가 명확하면 길 이름/
도시/분실한 날짜를 적는다.

❸ 분실물 종류를 선택하고
정보를 기입한다.
신분증 번호/발급지
운전면허증 번호/발급일/발급지
기타

❹ 날짜
서명

기차 파업 Lo sciopero dei treni

Passeggero

실례합니다. 19시 45분 토리노 행 기차는 연착인가요?

Mi scusi, il treno per Torino delle 19,45 è in ritardo?

미 스꾸지, 일 뜨레노 뻬르 또리노 델레 디치안노베 에 꽈란따칭꿰 에 인 리따르도

Capo Stazione

죄송합니다. 철도 파업으로 인해 볼로냐-토리노 구간 전 노선이 캔슬되었습니다.

Mi dispiace, a causa dello sciopero ferroviario tutti i treni tra Bologna e Torino sono stati cancellati.

미 디스삐아체, 아 까우자 델로 쇼페로 페로비아리오 뚜띠 이 뜨레니 뜨라 볼로냐 에 또리노 소노 스따띠 깐첼라띠

Passeggero

오, 이럴 수가, 저는 토리노에서 파리로 가는 연결편이 있어요.

Oh mio dio, ho la coincidenza a Torino per Parigi.

오 미오 디오, 오 라 꼬인치덴짜 아 또리노 뻬르 빠리지

Capo Stazione

걱정하지마세요. 토리노까지 택시를 준비해드리거나 출발일을 내일로 변경하실 경우 이곳에서 숙소를 마련해드리겠습니다. 모든 비용은 저희가 부담합니다.

Non si preoccupi, garantiamo un taxi per raggiungere Torino o se vuole cambiare il giorno della partenza offriamo il pernottamento in città. Tutto a spese nostre.

논 시 쁘레오꾸삐, 가란띠아모 운 딱시 뻬르 라쥰제레 또리노. 오 세 부올레 깜비아레 일 죠르노 델라 빠르뗀짜 오프리아모 일 뻬르노따멘또 인 치따. 뚜또 아 스뻬제 노스뜨레

Passeggero	다행이군요! 내일 아침 일찍 파리에서 회의가 있어서 오늘 저녁에 출발했으면 합니다. **Meno male! Domattina presto ho una riunione a Parigi, quindi preferisco partire stasera.** 메노 말레! 도마띠나 쁘레스또 오 우나 리우니오네 아 빠리지, 뀐디 쁘레페리스꼬 빠르띠레 스따세라
Capo Stazione	문제없습니다. 바로 택시를 불러드리죠. **Non c'è problema. Chiamo subito un taxi.** 논 체 쁘로블레마. 끼아모 수비또 운 딱시
Passeggero	네, 고맙습니다. **Bene, grazie.** 베네, 그라찌에
Capo Stazione	또한 티켓 값을 환불해 드리겠습니다. 불편을 드려서 죄송합니다. 즐거운 여행 되세요. **Siamo anche disposti a rimborsare il costo del biglietto. Ci scusiamo per l'inconveniente. Buon viaggio.** 시아모 앙께 디스뽀스띠 아 림보르사레 일 꼬스또 델 빌리에또. 치 스꾸지아모 뻬르 린꼰베니엔떼. 부온 비아죠

---

in ritardo 인 리따르도 지연된
a causa di 아 까우자 디 ~ 때문에
sciopero 쇼페로 파업
ferroviario 페로비아리오 철도의
cancellare 깐첼라레 취소하다
coincidenza 꼬인치덴짜 우연의 일치, 연결편
preoccuparsi 쁘레오꾸빠르시 걱정하다
garantire 가란띠레 보장하다
raggiungere 라쥰제레 도달하다
pernottamento 뻬르노따멘또 숙박
meno male 메노 말레 다행이다
riunione 리우니오네 회의
essere disposto a 에쎄레 디스뽀스또 아 ~할 의향이 있다, 준비가 되어 있다
rimborsare 림보르사레 환불하다
inconveniente 인꼰베니엔떼 불편

생생 여행
Tip

• 철도 파업

유럽의 주요도시를 연결하는 광대역 철도망 덕분에 하루에도 국경을 몇 번씩 넘나들며 다양한 곳을 여행할 수 있다. 그러나 들뜬 마음으로 도착한 여행지에서 교통수단이 마비되어 다음 행선지로 떠나지 못하고 발이 묶여버린다면 눈앞이 캄캄해진다. 사실 이런 일은 이탈리아에서는 비일비재하다. 이탈리아 철도는 파업과 연착이 잦은 걸로 악명이 높아서 여행 일정을 짤 때 파업 날짜를 미리 확인하는 것이 좋다.

인터넷 검색창에서 간단히 검색하는 것으로도 알 수 있지만 이탈리아 국토교통부 사이트(http://scioperi.mit.gov.it/mit2/public/scioperi)에 접속하여 확인하는 것이 가장 정확하다. 인터넷이나 어플리케이션으로 열차를 예매할 때 시간표에 "sciopero(쇼페로)"라고 적혀 있으면 파업이라는 뜻이니 창구에서 운행여부를 먼저 확인해보고 구매하는 것이 좋다.

사진에서 보는 바와 같이 출, 도착을 알리는 전광판에 "cancellato(깐첼라또)"나 "soppresso(소쁘레쏘)"라고 적혀 있으면 해당 열차의 운행이 취소되었다는 뜻이니 역사 내에 있는 고객 데스크에 가서 환불이나 변경을 요청해야 한다.

유용한
회화 표현

9-4.mp3

A causa di uno sciopero alcuni treni potranno subire ritardi o essere cancellati.	파업으로 인해 일부 열차는 연착이 되거나 운행이 취소 될 수 있습니다.
Questo treno partirà con un'ora di ritardo a causa dello sciopero in corso.	이 기차는 파업으로 인해 출발이 1시간 지연될 것입니다.
A che ora inizia lo sciopero?	파업은 언제 시작하나요?
A che ora finisce lo sciopero?	파업은 언제 종료되나요?
Lo sciopero inizierà alle ore 9 del 2 aprile.	파업은 4월 2일 오전 9시에 시작됩니다.
Lo sciopero si concluderà alle ore 23 del 3 aprile.	파업은 4월 3일 밤 11시에 종료됩니다.
Il mio treno è stato soppresso a causa dello sciopero.	제가 예약한 기차가 파업으로 캔슬되었어요.
Il treno viaggia con 20 minuti di ritardo.	기차가 20분 연착되어 운행중입니다.
Vorremmo cambiare i nostri biglietti.	우리는 기차표를 바꾸고 싶어요.
È possibile ottenere un rimborso per il biglietto?	환불을 받을 수 있나요?
Il mio treno è stato soppresso. Posso richiedere un rimborso?	제 기차가 캔슬되었어요. 환불을 해주실 수 있나요?

어휘
플러스

고객센터	centro assistenza	첸뜨로 아씨스뗀짜
매표소	biglietteria	빌리에떼리아
환불	rimborso	림보르소
파업	sciopero	쇼페로
지연	ritardo	리따르도
취소	cancellazione	깐첼라찌오네
시작하다	iniziare	이니찌아레
종료하다	concludere	꼰끌루데레
캔슬된	cancellato / soppresso	깐첼라또/소프레쏘
출발일	data di partenza	다따 디 빠르뗀짜
도착일	data d'arrivo	다따 다리보
도착예정시간	orario previsto d'arrivo	오라리오 쁘레비스또 다리보
불편	disagio	디사죠
중단	interruzione	인떼루찌오네

이탈리아가 궁금해

티켓 펀칭하기

이탈리아의 국철 트랜이탈리아의 레조날레(Regionale: 완행열차)를 이용할 때는 주의할 점이 있다. 온라인이나 어플리케이션으로 예약하여 e-ticket을 소지한 경우가 아닌 현장에서 창구나 자동발매기를 통해 표를 구매한 경우 열차에 오르기 전에 반드시 펀칭(convalidare)을 해야 한다. 펀칭은 부정승차를 방지하기 위해 고안된 시스템이다. 기차역 곳곳에 설치되어 있는 그림과 같이 생긴 검표기계에 레조날레 티켓을 살짝 넣어다 빼면 끝부분에 날짜와 시간, 장소가 찍혀져 나온다. 펀칭이 되지 않은 티켓을 들고 탔다가 검표원에게 발각이 되면 부정승차로 간주되어 티켓 값보다 비싼 벌금을 물게 될 것이다. 지정석이 있는 Intercity나 고속열차의 경우는 종이티켓이라 하더라도 펀칭할 필요가 없다. 간혹 가다 고장 난 검표기계가 있을 수 있으니 열차 시간을 여유 있게 남겨두고 시도하는 게 좋고 검표 표시가 제대로 되어 있는지 확인한 다음 최종적으로 열차에 올라야 한다.

비행기 지연 Il ritardo del volo

Personale

죄송합니다만, 런던행 항공기는 폭설로 인해 출발이 지연되었습니다.

Mi dispiace, il volo per Londra è in ritardo a causa della forte nevicata.

미 디스삐아체, 일 볼로 뻬르 론드라 에 인 리따르도 아 까우자 델라 포르떼 네비까따

Passeggero

정말이요? 몇 시간이나 연착인가요?

Davvero? Di quante ore è in ritardo?

다베로? 디 꽌떼 오레 에 인 리따르도

Personale

확답을 드릴 수 없습니다. 공항이 폭설로 마비가 되었습니다. 공항관계자들이 활주로에 쌓인 눈과 얼음을 치우고 있습니다.

Ancora non è certo. L'aeroporto è tutto bloccato dalla neve. Gli operatori stanno cercando di liberare le piste da neve e ghiaccio.

앙꼬라 논 에 체르또. 라에로뽀르또 에 뚜또 블로까또 달라 네베. 리 오뻬라또리 스딴노 체르깐도 디 리베라레 레 삐스떼 다 네베 에 기아쵸

Passeggero

이해합니다.

Capisco.

까삐스꼬

Personale

불편을 끼쳐 사죄하는 의미로 공항 내 레스토랑에서 사용할 수 있는 바우처를 제공해 드리겠습니다. 그리고 저희에게 연락처를 남겨주시면 항공편 상황을 알려드리겠습니다.

Per scusarci dell'inconveniente Le offriamo un voucher da utilizzare nei ristoranti dell'aeroporto. E ci lasci un suo contatto, così da poterLe comunicare eventuali aggiornamenti sul volo.

뻬르 스꾸자르치 델린꼰베니엔떼 레 오프리아모 운 바우처 다 우띨리짜레 네이 리스또란띠 델라에로뽀르또. 에 치 라쉬 운 수오 꼰따또, 꼬지 다 포떼를레 꼬무니까레 에벤뚜알리 아죠르나멘띠 술 볼로

Passeggero 가능한 빨리 복구되기를 바랍니다.

Spero che tutto si sistemi al più presto possibile.

스뻬로 께 뚜또 시 시스떼미 알 삐우 쁘레스또 뽀씨빌레

Personale 불편을 끼쳐드려 죄송합니다.

Ci scusiamo per il disagio.

치 스꾸지아모 뻬르 일 디사죠

---

nevicata 네비까따 강설
davvero 다베로 정말로
certo 체르또 확실한
bloccato 블로까또 막힌
neve 네베 눈
operatore 오뻬라또레 직원, 엔지니어
liberare 리베라레 자유롭게 하다
pista 삐스따 길, 활주로
ghiaccio 기아쵸 얼음
offrire 오프리레 제공하다
utilizzare 우띨리짜레 이용하다
aeroporto 아에로뽀르또 공항
contatto 꼰따또 접촉, 연락처
così da poter 꼬지 다 뽀떼르 ~할 수 있도록
eventuale 에벤뚜알레 가능한, 앞으로 있을 수 있는
aggiornamento 아죠르나멘또 업데이트, 최신 소식
al più presto possibile 알 삐우 쁘레스또 뽀씨빌레 가능한 빨리

생생 여행 Tip

• 수화물 분실

목적지에 도착했는데 수화물이 사라진 경우 해당 항공사 직원에게 체크인 시 받은 Baggage tag을 제시하고 분실 신고서를 작성해야 한다. 작성 시 머물게 될 숙소로 배송을 요청하고 주소와 연락처를 정확히 기재한다. 수화물이 도착하지 않았을 시 세면도구 키트나 지연 보상비 명목으로 일정금액을 제공하는 항공사도 있다. 수화물을 받기 전까지 생필품을 구매한 것이 있으면 영수증을 잘 챙겨두어 보상 받을 시 함께 제출하면 일정금액을 환불받을 수 있다. 정확한 보상액은 항공사별로 차이가 있을 수 있으니 항공사별 약관 규정을 확인해야 한다.

유용한 회화 표현

9-6.mp3

Tutti i voli Alitalia sono stati cancellati a causa di uno sciopero.	파업으로 인해 알리탈리아 전 항공기가 캔슬되었습니다.
I voli sono stati cancellati a causa di una tempesta di neve.	폭설로 인해 항공기가 결항되었습니다.
Il volo per Barcelona è stato cancellato.	바르셀로나행 항공기는 캔슬되었습니다.
Il volo per Bologna partirà con venti minuti di ritardo.	볼로나 행 항공기는 출발이 20분 지연되었습니다.
Potete passare la notte presso l'hotel, la stanza sarà rimborsata.	호텔에서 숙박을 하시면 숙박료는 환불처리 해드리겠습니다.
Le abbiamo prenotato una stanza presso l'hotel per questa notte.	오늘 저녁 묵으실 호텔을 예약해 두었습니다.
A che ora partirà il volo per Napoli?	나폴리 행 항공기는 몇 시에 출발하나요?
Ci sono novità sul volo?	항공편과 관련해 업데이트 된 소식이 있나요?
Il volo per Londra è stato cancellato?	런던행 항공기는 캔슬되었나요?
Il mio bagaglio non è arrivato.	제 짐이 안 왔어요.
Ho perso un volo in coincidenza a causa del ritardo del precedente.	항공기가 연착되어 연결 항공편을 놓쳤습니다.
Quali sono i motivi del nostro volo in ritardo?	항공편이 지연된 이유가 무엇인가요?
Avrete fino a 600€ di risarcimento per il vostro volo cancellato.	당신들은 결항된 항공편에 대해서 600유로까지 보상을 받을 것이다.
Ci scusiamo per l'inconveniente.	불편을 드려서 죄송합니다.

어휘 플러스

항공사	compagnia aerea 꼼빠니아 아에레아
승무원	assistenti di volo 아씨스뗀띠 디 볼로
비행기 티켓	biglietto aereo 빌리에또 아에레오
대체 항공편	volo alternativo 볼로 알떼르나띠보
최종목적지	destinazione finale 데스띠나찌오네 피날레
연결 항공편	coincidenza 꼬인치덴짜
피해, 손해	danno 단노
컴플레인	reclamo 레끌라모
항공 지연	ritardo del volo 리따르도 델 볼로
분실된	smarrito 스마리또
파손된	danneggiato 단네지아또
고객서비스	Servizio Clienti 세르비찌오 끌리엔띠
수화물 찾는 곳	Ritiro Bagagli / Consegna bagagli 리띠로 바갈리 / 꼰세냐 바갈리
결항편	voli annullati 볼리 안눌라띠
환불	rimborso 림보르소
보상	risarcimento 리사르치멘또
수화물 분실	smarrimento di bagagli 스마리멘또 디 바갈리
수화물 택	scontrino del bagaglio 스꼰뜨리노 델 바갈리오

이탈리아가 궁금해

웰컴 투 사우스

「웰컴 투 사우스(Benvenuti al Sud)」는 이탈리아 제 3의 도시로 꼽히는 나폴리에 대한 편견, 그리고 그 편견이 극복되는 과정을 코믹하게 그린 이탈리아 영화이다. 나폴리는 유럽에서 가장 오래된 도시 중 하나로 꼽히며 오래 전부터 이탈리아와 유럽의 교육과 학문을 선도하는 도시이다. 그런 나폴리의 명성은 여러 가지 사회문제와 그로인해 형성된 고질적인 편견으로 얼룩져 있다. 자국민은 물론 외국인들에게 나폴리는 범죄의 도시, 쓰레기의 도시라는 인식이 강하다.

하지만 실상은 영화 속과 같이 나폴리는 숨 막힐 듯이 아름다운 자연 경관을 자랑하고, 정이 넘치는 사람들이 살아가는 평범한 도시이다. 얼마 전 나폴리의 모든 편견을 뒤집는 '트립 어드바이저'의 연구 조사가 있었다. 나폴리는, 수많은 여행객들이 몰리는 파리나 바르셀로나보다 치안이 우수하며 이탈리아 반도 내에서 분리수거 및 재활용을 가장 철저히 실천하는 도시로 밝혀졌다. 실제로 나폴리를 여행해보면 나폴리 사람들의 넉넉한 인심과 당장이라도 바다에 뛰어들고 싶게 만드는 따스한 햇살에 선입견들이 눈 녹듯 사라지게 될 것이다. 어느 도시든 위험지대가 존재하기 마련이니 그런 곳만 피한다면 안전하게 여행을 마무리 할 수 있다.

유네스코 문화유산

세계에서 가장 많은 세계문화유산을 보유한 나라는 이탈리아이다. 도시 전체가 유네스코 문화유산으로 지정된 베네치아를 비롯하여 나폴리 역사지구, 피사의 두오모 광장 등 총 58개(2023년 기준 문화유산 및 자연유산))의 세계유산이 이탈리아 전역에 퍼져있다. 그만큼 문화적 영향력이 막강한 나라라고 할 수 있다.

등록명	등록년도
발카모니카의 암각화 VALLE CAMONICA – L'Arte Rupestre	1979
산타 마리아 델레 그라치에 교회와 도미니크 수도원 및 레오나르도 다빈치의 '최후의 만찬' Il "Cenacolo" di Leonardo da Vinci in Santa Maria delle Grazie	1980
로마 Roma - La città storica	1980-1990
피렌체 역사지구 Firenze - Il Centro Storico	1982
피사 두오모 광장 PISA – La Piazza del Duomo	1987
베네치아와 석호 VENEZIA E LA SUA LAGUNA	1987

레오나르도 다빈치의 '최후의 만찬'

피사 두오모 광장

산 지미냐노 역사지구 SAN GIMIGNANO – Il Centro Storico	1990
마테라의 동굴주거지와 암석 교회 MATERA – I Sassi	1993
비첸차 VICENZA – La città e le ville palladiane nel Veneto	1994-1996
나폴리 NAPOLI – Il Centro Storico	1995
크레스피 다다 공업단지 CRESPI D'ADDA – L'insediamento industriale	1995
시에나 역사지구 SIENA – Il Centro Storico	1995
페라라 : 르네상스기의 시가와 포강 델타 지대 FERRARA, città del Rinascimento e il suo Delta del Po	1995-1999
피엔차 역사지구 PIENZA – Il Centro Storico	1996
몬테 성 CASTEL DEL MONTE	1996

시에나 역사지구

몬테 성

라벤나의 초기 기독교 기념물 RAVENNA – I Monumenti Paleocristiani	1996
알베로벨로의 트룰리 ALBEROBELLO – I Trulli	1996
사보이 궁중저택 LE RESIDENZE DELLA CASA REALE DI SAVOIA IN PIEMONTE	1997
파도바 식물원 PADOVA – L'Orto Botanico	1997
포르토베네레, 친퀘 테레와 군도(팔마리아, 티노 과 티넷토) PORTO VENERE – Le cinque terre e Isole di Palmaria, Tino, Tinetto	1997
아그리젠토 고고지구 AGRIGENTO – L'area archeologica	1997
모데나의 대성당, 토레 치비카와 피아차 그란데 MODENA – La Cattedrale, la Torre Civica e Piazza Grande	1997
아말피 해안지구 AMALFI – La Costiera Amalfitana	1997

아그리젠토 고고지구

아말피

폼페이, 헤르쿨라네움, 토레 안눈치아타 고고지구 POMPEI, ERCOLANO E TORRE ANNUNZIATA – Le aree archeologiche	1997
수 누락시 디 바루미니 BARUMINI – Il villaggio nuragico “Su Nuraxi”	1997
빌라 로마나 델 카살레 PIAZZA ARMERINA – La Villa Romana del Casale	1997
카세르타의 18세기 궁전과 공원, 반비텔리 수도교, 산 레우초 CASERTA – La Reggia, il Parco, San Leucio e l’acquedotto Vanvitelliano	1997
파에스툼과 베리아 고대 유적군을 포함한 칠렌토와 디아노 계곡 국립공원과 파두라의 카르투지오 수도원 CILENTO – Il Parco Nazionale e il Vallo di Diano, Paestum, Velia e la Certosa di Padula	1998
우르비노 역사지구 URBINO – Il Centro Storico	1998
아퀼레이아의 고고지구와 가톨릭 성당 AQUILEIA – L’Area Archeologica e la Basilica Patriarcale	1998
티볼리의 빌라 아드리아나 TIVOLI – Villa Adriana	1999

폼페이

우르비노 역사지구

에올리에 제도 ISOLE EOLIE – Lipari, Vulcano, Salina, Stromboli, Filicudi, Alicudi e Panarea	2000
베로나 시 VERONA – La città	2000
아씨시의 성 프란체스코 성당과 프란체스코회 유적 ASSISI – La Basilica di San Francesco e altri siti Francescani	2000
티볼리의 빌라 데스테 TIVOLI – Villa d'Este	2001
발 디 노토의 후기 바로코 양식 마을 VAL DI NOTO – Le città Tardo Barocche	2002
피에몬테와 롬바르디아의 사크리 몬티 SACRI MONTI DEL PIEMONTE E DELLA LOMBARDIA	2003
발 도르치아 VAL D'ORCIA	2004
체르베테리와 타르퀴니아의 에트루리아 인 네크로폴리스 CERVETERI E TARQUINIA – Le necropoli etrusche	2004

베로나 시

시라쿠사와 판탈리카 바위 네크로폴리스 SIRACUSA E LE NECROPOLI RUPESTRI DI PANTALICA	2005
제노바의 레 스트라데 누오베와 팔라초 데이 롤리 GENOVA – Le Strade Nuove e il Sistema dei Palazzi dei Rolli	2006
알불라 · 베르니나 지역의 레티카 철로 LA FERROVIA RETICA nei paesaggi di Albula e Bernina	2008
만토바와 사비오네타 MANTOVA E SABBIONETA	2008
돌로미티 산맥 LE DOLOMITI	2009
몬테 산 조르조 IL MONTE SAN GIORGIO	2010
알프스 주변의 선사시대 호상가옥 SITI PALAFITTICOLI PREISTORICI NELL'ARCO ALPINO	2011

돌로미티 산맥

이탈리아의 랑고바르드유적지 I LONGOBARDI IN ITALIA. I LUOGHI DEL POTERE (568-774 D.C.)	2011
토스카나의 빌라 메디치와 정원 VILLE E GIARDINI MEDICEI IN TOSCANA	2013
몬테 에트나 IL MONTE ETNA	2013
피에몬테의 포도밭 경관: 란게-로에로와 몬페라토 I PAESAGGI VITIVINICOLI DEL PIEMONTE: LANGHE – ROERO E MONFERRATO	2014
아랍-노르만 팔레르모 그리고 체팔루 대성당과 몬레알레 대성당 PALERMO ARABO-NORMANNA E LE CATTEDRALI DI CEFALÙ E MONREALE	2015
16~17세기 베네치아의 방어 시설 : 스타토 다 테라 – 서쪽의 스타토 다 마르 Opere di difesa veneziane del XVI e XVII sec. Stato di Terra-Stato di Mare Occidentale	2017
카르파티아 산맥의 너도밤나무 원시림(슬로바키아·우크라이나 공동) Antiche faggete primordiali dei Carpazi e di altre regioni d'Europa	2017
이브레아, 20세기의 산업도시 Ivrea, città industriale del XX secolo	2018

피에몬테의 포도밭 경관

몬레알레 대성당

코넬리아노와 발도비아데네의 프로세코 언덕 Colline del Prosecco di Conegliano e Valdobbiadene	2019
파도바의 14세기 프레스코 연작화 Padova Urbs Picta - Giotto, la Cappella degli Scrovegni e i cicli pittorici del Trecento	2021
볼로냐의 포르티코 I Portici di Bologna	2021
유럽의 대 온천마을 (7개국 공동등재) Le Grandi Città Termali d'Europa	2021

볼리의 빌라 데스테

MADE IN ITALY